WOLFGANG BENKHARDT

VON HEXEN, GEISTERN UND VERBRECHERN
DIE UNHEIMLICHSTEN ORTE IM LANDKREIS TIRSCHENREUTH

WOLFGANG BENKHARDT

VON HEXEN, GEISTERN UND VERBRECHERN

Die UNHEIMLICHSTEN ORTE
im LANDKREIS TIRSCHENREUTH

BUCH- UND KUNSTVERLAG
OBERPFALZ

BIBLIOGRAFISCHE INFORMATION
DER DEUTSCHEN NATIONALBIBLIOTHEK

Die Deutsche Nationalbibliothek verzeichnet diese Publikation in der Deutschen Nationalbibliografie; detaillierte bibliografische Daten sind im Internet über http://dnb.dnb.de abrufbar.

ISBN 978-3-95587-096-6

MIX
Papier aus verantwortungsvollen Quellen
FSC® C014138
FSC
www.fsc.org

Für uns, die Battenberg Gietl Verlag GmbH mit all ihren Imprint-Verlagen, ist Nachhaltigkeit ein wichtiger Teil unserer Unternehmensphilosophie. Daher achten wir bei allen unseren Produkten auf den Einsatz umweltschonender Ressourcen und Materialien. Dieses Buch wurde auf FSC®-zertifiziertem Papier gedruckt. FSC (Forest Stewardship Council®) ist eine nicht staatliche, gemeinnützige Organisation, die sich für die verantwortungsvolle und ökologische Nutzung der Wälder unserer Erde einsetzt.

Unsere Partnerdruckerei kann zudem für den gesamten Herstellungsprozess nachfolgende Zertifikate vorweisen:
- Zertifizierung für FOGRA PSO
- Zertifizierungssystem FSC®
- Leitlinien zur klimaneutralen Produktion (Carbon Footprint)
- Zertifizierung EcoVadis (die Methodik besteht aus 21 Kriterien in den Bereichen Umwelt, Einhaltung menschlicher Rechte und Ethik)
- Zertifikat zum Energieverbrauch aus 100 % erneuerbaren Quellen
- Teilnahme am Projekt „Grünes Unternehmen" zum Schutz von Naturressourcen und der menschlichen Gesundheit

BITTE RESPEKTIEREN SIE BEI ALLEN OBJEKTEN DIE PRIVATSPHÄRE DER BESITZER UND SEHEN SIE VON UNBEFUGTEN BETRETUNGEN AB.
FÜR ZUWIDERHANDLUNGEN KANN KEINE HAFTUNG ÜBERNOMMEN WERDEN.

LEKTORAT: WOLFGANG BENKHARDT, CARINA EICHENSEHER

FOTOS: WOLFGANG BENKHARDT (SOFERN NICHT ANDERS ANGEGEBEN)
COVER-FOTO: NORBERT GRÜNER
UMSCHLAGRÜCKSEITE: SIEGFRIED STEINKOHL UND THOMAS SPORRER
GRAFISCHE ELEMENTE:
TATYANA BOROZENETS, 23RF.COM; VAL_IVA, FOTOLIA.COM; KLAUTS, 123RF.COM

ÜBERSICHTSKARTE ERSTELLT MIT ©MAPZ.COM – MAP DATA: OPENSTREETMAP ODBL

1. AUFLAGE 2022
ISBN 978-3-95587-096-6

VORWORT

Ausgedehnte Waldgebiete, wunderschöne Teichlandschaften, schöne Wander- und Fahrradwege, verlassene Burgruinen, schmucke Dorfkirchen, urige Zoiglstuben und viele andere Dinge machen den Landkreis Tirschenreuth zu einem beliebten Urlaubs- und Erholungsgebiet. Viele haben bekannte Sehenswürdigkeiten wie die Burgruinen Waldeck und Weißenstein, das wildromantische Waldnaabtal, die Waldsassener Stiftsbasilika und die Tirschenreuther Teichpfanne bereits bei Tageslicht besucht und bestaunt. Doch kaum ist die Sonne hinter dem Horizont versunken, flößen diese und andere Stätten vielen Menschen Angst ein. Es gibt im dünn besiedelten Landkreis Tirschenreuth, direkt an der tschechischen Grenze gelegen, Orte, um die man nachts besser einen großen Bogen machen sollte, so heißt es. Orte, die auch eine dunkle Seite haben, Orte, um die sich seltsame Sagen, Mythen und Legenden ranken.

Die uralten, von Generation zu Generation weitergetragenen Geschichten berichten von versunkenen Schätzen, Schwarzen Messen, weißen Frauen, versteinerten Rittern, untoten Mönchen, bärtigen Zwergen und anderen seltsamen Dingen. In jeder Sage, so heißt es, steckt ein wahrer Kern. Dieser Gedanke macht die schaurig-schönen Erzählungen von mystischen Orten wie den Teufelsküchen bei Tirschenreuth, dem Butterfass und dem Kammerwagen im Waldnaabtal und der Steinschlatter im Steinwald so faszinierend. Bei einigen Geschichten, wie denen von der Trommelbuche bei Schwarzenreuth und dem Hussenbäuml bei Bärnau, sind die wahren historischen Hintergründe relativ gut nachvollziehbar, bei anderen Erzählungen hingegen liegen sie völlig im Dunkeln. Das macht diese Geschichten aber nicht minder reizvoll.

Die akribisch gesammelten Erzählungen des großen Oberpfälzer Volkskundlers Franz Xaver von Schönwerth bilden das Gerüst des Buches. Zusammen mit real überlieferten Kriminalfällen, Berichten über kriegerische Schlachten und anderen Ereignissen ergibt sich eine prickelnde Sammlung von schaurig-schönen Geschichten aus dem Nordosten der Oberpfalz. Das Buch möchte nicht nur für Gänsehautmomente sorgen, sondern den Leser auch dazu ermuntern, selbst den dunklen Geheimnissen nachzuspüren.

Erbendorf, im Herbst 2022

WOLFGANG BENKHARDT (Autor)

INHALTSVERZEICHNIS

UNHEIMLICHES TIRSCHENREUTH

WUNSIEDEL
MARKTREDWITZ
WALDERSHOF
KEMNATH
ERBENDORF
WINDISCHES
30
17
15
24
10
9
27
19
2
22
23
11
7
16
Grünberg
Ebnath
Neusorg
Kulmain
Immenreuth
Trevesen
Friedenfels
Kastl
Hessenreuth

14
Münchenreuth
Grün
Höflas
Groppenheim
Hundsbach
Odreva
Hrozňatov
NOVÝ HROZŇATOV
Doubrava
26
WALDSASSEN
Konnersreuth
Mammersreuth
Hatzenreuth
Kozly
Neudorf
Mýtina
Querenbach
Rosenbühl
Kondrau
Hardeck
Pleußen
Wondreb
BAD NEUALBENREUTH
Steinmühle
Schachten
Großbüchlberg
3
Motzersreuth
Wernersreuth
Ernestgrün
Pechofen
Zirkenreuth
Altmugl
MITTERTEICH
Leonberg
13
Wondreb
Rosall
1
12
Kleinsterz
Großensterz
Themenreuth
Großensees
93
Wondreb
Pilmersreuth am Wald
Mähring
31
Poppenreuth
Hiltershof
Kleinklenau
6
Großkonreuth
Redenbach
Waldnaab
TIRSCHENREUTH
Matzersreuth
Dippersreuth
Hohenwald
8
Gumpen
29
Griesbach
Pirk
Gründlbach
ALKENBERG
Marchaney
Asch
Thann
21
Lengenfeld bei Tirschenreuth
Schwarzenbach
Ellenfeld
Pilmersreuth an der Straße
Liebenstein
Hermannsreuth
Wendern
18
Konnersreuth
Ödwaldhausen
4
Leichau
Schönficht
Dürnkonreuth
Iglersreuth
BÄRNAU
5
Beidl
Thanhausen
Hohenthan
Naab
Schönkirch
Plößberg
Wildenau
28

DER **ALTE HERRGOTT** IM GRENZWALD: DER LICHTERHIRSCH UND DAS GELÖBNIS

Im Egerer Wald südlich von Bad Neualbenreuth steht eine Kapelle, für deren Bau es mehrere sagenhafte Entstehungsgeschichten gibt. Eines haben diese Erzählungen gemeinsam: Immer spielt darin ein weißer Hirsch, der plötzlich dort erschienen sein soll, eine Rolle.

Die Waldkapelle stammt aus dem 17. Jahrhundert. Das heutige Bauwerk wurde im Jahr 1694 von einem Adeligen „Herrn von Froschhammer“ vom Gut Ottengrün erbaut. Doch schon vorher stand dort eine hölzerne Kapelle, die 1676 Magnus Bartels gestiftet hatte.

Es gibt etwa zehn Gründungssagen zu dieser Waldkapelle. Die mit Magnus Bartels ist die bekannteste. Demnach löste Bartels mit dem Bau der Andachtsstätte ein Versprechen ein, das er Gott in großer Not gegeben hatte. Der Kapitän-Leutnant verirrte sich in den Wäldern, die damals noch viel dichter und undurchdringlicher waren. Als die Dunkelheit hereinbrach, beschloss er, ein Lager aufzuschlagen und erst am nächsten Tag weiter nach dem Weg aus der Wildnis zu suchen. Im Schlaf träumte er, dass in seinem Haus ein Feuer ausgebrochen sei, das seine Familie bedrohe. Bartels wachte aus diesem Albtraum auf und war verzweifelt, weil er Angst hatte, dass der Traum der Wahrheit entsprechen könnte. Er flehte Gott um Hilfe an und versprach den Bau einer Waldkapelle, wenn dieser ihn nur schnell aus dem

INFO:
Ein Besuch beim Alten Herrgott lässt sich gut mit einer kleinen Wanderung verbinden, zum Beispiel auf dem Weg vom Engerer Waldhäusl in Richtung Neumugl.

Dickicht herausführe. In diesem Augenblick erschien ein weißer Hirsch. Sein Geweih war von einem Licht, das er darin trug, hell erleuchtet. Bartels folgte dem geisterhaft anmutenden Tier, das ihn sicher zum Waldrand geleitete. Bartels hielt Wort und baute die Kapelle, in der ein Bildnis von Gottvater als Weltenrichter zu sehen ist, dem Alten Herrgott eben.

Es gibt noch ein ganz anderes Gelöbnis, das mit diesem Waldheiligtum in Verbindung steht: die Wallfahrt zum Alten Herrgott. Seit einem schrecklichen Hagelwetter 1846, bei dem auch zwei Menschen starben, pilgern die Gläubigen aus Mähring alljährlich im Sommer zur rund acht Kilome-

ter entfernten Kapelle, um künftig vor solchen Unwettern verschont zu bleiben.
Nordöstlich vom Alten Herrgott liegt in dem Waldgebiet mit dem Muglbach-Wasserfall ein weiteres beliebtes Ausflugsziel, um das sich allerlei Sagen ranken. Der Muglbach entspringt am Südwesthang des 865 Meter hohen Schopfberges auf tschechischer Seite und schlängelt sich auf einer Länge von rund 15 Kilometern in vielen Windungen der Wondreb entgegen. Zur Zeit der Schneeschmelze und nach starken Regengüssen schwillt der Bach bei der Einöde Muglmühle schnell zu einem sehenswerten Wasserfall an.

UNHEIMLICHER **ARMESBERG**: EIN SCHWARZER HUND, DREI FRAUEN UND EIN SCHATZ

Meist sind es Berge mit alten Burgen oder Ruinen, die den Leuten nicht ganz geheuer sind. Doch es gibt auch Gipfel mit Kirchen, um die viele nachts lieber einen Bogen machen. Eine solche Anhöhe ist der Armesberg südöstlich von Zinst in der Gemeinde Kulmain.

In den nahezu undurchdringlichen Wäldern, die einst die Bergspitze umgaben, sollen Gespenster und Unholde ihr Unwesen getrieben haben. Und dann sind da noch seltsame Feuer, die von Zeit zu Zeit weithin sichtbar auf dem Berg loderten. Bei der Suche nach einer Erklärung stieß man auf die Möglichkeit, dass Venezianer oder andere Glücksritter, die im Mittelalter hier nach Erzen und Edelmetallen suchten, dort Schmelzfeuer angezündet haben könnten.

Eine Sage berichtet, dass es auf dem Berg eine Schatzkammer gibt, die von einem schwarzen Hund und drei Frauen bewacht wird.

Einem Kemnather Schäfer ist es nach den Erzählungen fast gelungen, einen Teil des Schatzes zu heben. Als sein Hund immer wieder für ein paar Stunden spurlos im dichten Wald verschwand, band der Schäfer das Ende eines Wollknäuels an den Schwanz des Tieres. Als der Hund wieder in den Wald rannte, wickelte sich das Knäuel auf, und der Faden führte den Schäfer direkt in die Schatzkammer, in der drei Frauen saßen und in dicken Büchern lasen. Der

INFO:
Ein Besuch auf dem Armesberg lässt sich gut mit einer Einkehr im alten Mesnerhaus verbinden, das heute eine beliebte Gaststätte ist.

Mann wollte seine Taschen und seinen Hut mit Gold füllen. Doch just in diesem Moment hörte er eines seiner Lämmer verzweifelt blöken. Er rannte hinaus, um nach dem Tier zu sehen. Doch er fand kein Lamm, und als er in die Kammer zurückkehrte, war sie leer.

Der Armesberg ist vulkanischen Ursprungs. Es soll dort aufgrund des ungewöhnlichen Kleinklimas und austretender Gase im Basalt-Blockschuttfeld Stellen geben, die im Winter schnee- und eisfrei bleiben, was zu allerlei Spekulationen Anlass gibt. So wähnten einige in solch einem Schneeloch den Eingang zur Schatzkammer und gruben dort, aber ohne Erfolg.

Vielleicht waren sie aber auch nur zum falschen Zeitpunkt am richtigen Ort. Die Sage berichtet nämlich, dass sich das Tor zur Kammer nur am Patroziniumssonntag der Dreifaltigkeitskirche öffnet, wenn die Glocke zur Wandlung läutet. Mit dem letzten Glockenschlag schließt sich die Kammer wieder. Zum versteckten Schatz passt auch die Erzählung, dass der Armesberg lange vor dem Kirchenbau ein Raubritterversteck gewesen sein soll. Die Schatzkammer soll der verschüttete Keller des Ritterschlosses sein.

Das Gotteshaus geht angeblich auf eine göttliche Eingebung zurück. Als sich im 17. Jahrhundert Bürger der umliegenden Ortschaften in den dichten Wäldern des Armesbergs vor durchziehenden Soldaten versteckten, fiel Pfarrer Christoph Arckhauer ein Felsen auf, der sich in drei Säulen aufgliederte. Er deutete dies als Zeichen und ließ auf diesem Stein ein Gotteshaus errichten, das 1678 eingeweiht wurde. Danach entwickelte sich der Berg rasch zur beliebten Wallfahrtsstätte. Der heutige Rundbau wurde von 1822 bis 1836 errichtet, nachdem ein Blitzschlag 1819 die alte Kirche zerstört hatte.

DER TILLENBERG BEI **BAD NEUALBENREUTH:** DIE VERSUNKENE STADT UND IHRE BERGGEISTER

Um keine andere Anhöhe in der Region ranken sich so viele Geschichten wie um den 939 Meter hohen Tillenberg bei Bad Neualbenreuth. Sie erzählen von Zwergen, Erdmännchen, Paschern und vielen anderen Gestalten. Nachts kommen die Tillentanzerl aus ihren Verstecken, ein seltsames Zwergenvolk, das im Berg leben und über großen Reichtum verfügen soll.

Der Tillenberg – tschechisch Dyleň genannt – hat nach den Erzählungen einst eine prächtige Stadt getragen. Während Bergwerksbesitzer, Goldschmiede und Kaufleute im Reichtum, den ihnen der Berg schenkte, regelrecht badeten, wurden die Bediensteten wie Leibeigene behandelt. Die reichen Bewohner waren so geizig, dass sie nicht einmal die Straßen zu ihrer Stadt befestigten. Am Wagen eines Fuhrmanns, der kostbare Stoffe bringen sollte, brach deshalb eine Achse, und die Fracht landete im Dreck. Erbost verfluchte er die „dreimal vermaledeite Stadt", die daraufhin vom Berg verschluckt wurde. Wer mit einem besonderen Gehör ausgestattet ist, soll heute noch die Glocke sowie das Wiehern der Pferde im Berg hören können. Am Karfreitag und am Palmsonntag öffnet sich nach den Sagen kurzzeitig ein Tor zu den Schätzen, die von den Tillentanzerln und höllischen Geisterwesen bewacht werden.

INFO:
Der mit einem hellgrünen Punkt markierte, zwölf Kilometer lange Geschichts- und Sagenweg führt vom Marktplatz Neualbenreuth zu den sagenhaften Stätten. Die reine Gehzeit beträgt etwa vier Stunden.

Zwischen Mitternacht und Tagesanbruch ist zudem der Steineklopfer unterwegs. Der Mann mit Spitzhut hämmert unermüdlich Granate aus dem Gestein und wirft sie einzeln in den Granatbrunnen. Der Sage nach ist dies ein Mann aus Italien, der den Brunnen geplündert hat und mit den Schätzen in einem Stollen verschüttet worden ist. Erst wenn er keine Edelsteine mehr findet, ist er erlöst. Und dann gibt es da auch noch einen Zwerg, der Frauen heiratet, wenn sie seinen Namen nicht erraten. Rein sicherheitshalber sei verraten, dass er Dienzel Deinzel heißt. Dienstmagd Nanni Webermatzn von Hardeck konnte mit diesem Wissen gerade noch die Hochzeit abwenden. Die Spitznamen Zwergen-Nanni und Wichtelbraut sind ihr aber geblieben.

Foto: Tourist-Info Neualbenreuth

Rund um Bad Neualbenreuth gab es wirklich mehrere Bergwerke, in denen vom 13. bis in das 20. Jahrhundert Gold und Silber abgebaut worden sind. Zudem setzte die Verwitterung Gold und Granate frei. Rund hundert Meter unterhalb des Tillengipfels beginnt Tschechien. Der Gipfel war zeitweise militärisches Sperrgebiet mit einer Aufklärungsstation. Heute trägt der Berg etliche Sendeantennen. Der Mittelpunkt Europas soll sich ebenfalls auf dem Berg befinden. Dieser Ruf haftete zumindest einem Stein auf tschechischer Seite an, den Vermessungsexperten der K-und-K-Monarchie 1865 auf dem Tillen als trigonometrischen Fixpunkt Erster Ordnung aufgestellt hatten. Der Vermessungsstein ist während des Kalten Krie-

Foto: Tourist-Info Neualbenreuth

ges verschwunden. 1985 ließ die Marktgemeinde Bad Neualbenreuth auf bayerischem Boden einen neuen errichten, der dem Original ähnelt.

Von den schaurigen Ereignissen erzählt ein Brunnen des Weidener Bildhauers Günter Mauermann am Marktplatz von Bad Neualbenreuth. Er zeigt den aufgebrochenen Tillenberg mit der versunkenen Stadt, den Berggeist, die Frau ohne Kopf, den Egerländer Dudelsackpfeifer, die Tillentanzerln und allerlei andere Sagengestalten. Auch Wahrsagerin Sibylle Weiß, nach der das Kurbad benannt ist, reiht sich ein. Sie hat prophezeit, dass die Tillenstadt wieder auftauchen werde, wenn die böhmische Stadt Eger untergehe.

DAS HUSSENBÄUML BEI **BÄRNAU:** GEISTER UND EIN VERGRABENER SCHATZ

Um das Hussenbäuml bei Bärnau sollte man nach Einbruch der Dunkelheit lieber einen großen Bogen machen. Schon viele Leute sind dort vom rechten Weg abgekommen und in die Irre geführt worden. Eine alte Sage kennt auch den Grund dafür: Geister aus der schrecklichen Zeit der Hussitenkriege finden dort keine Ruhe.

Die historischen Hintergründe des Hussenbäumls reichen bis ins 15. Jahrhundert zurück. Anfang jenes Jahrhunderts – genau am 6. Juli 1415 – wurde der böhmische Theologe und Reformator Jan Hus beim Konzil von Konstanz als Ketzer auf dem Scheiterhaufen verbrannt, weil er sich geweigert hatte, seine Lehren zu widerrufen. Der böhmische Theologe hatte massiv Kritik am weltlichen Besitz der Kirche geübt, die Habsucht des Klerus' angeprangert und das lasterhafte Leben vieler Gottesmänner verurteilt. Mit seinen Thesen hatte er auch den Papst als letzte Instanz in allen Glaubensfragen angezweifelt. Beim Konzil in Konstanz sollte die Einheit der Kirche wiederhergestellt werden. Hus, der sich in seiner Heimat großer Beliebtheit erfreute, reiste mit über dreißig Reitern und zwei Fuhrwerken von der westböhmischen Burg Krakovec nach Konstanz. Dazu nutzte er die Goldene Straße, die Nürnberg mit Prag verband und an der auch Bärnau lag. Am 15. Oktober 1414 kam er dort an. Er wurde freundlich aufgenommen, und der Pfarrer gewährte ihm Nachtquar-

INFO:
Das Hussenbäuml ist die erste Station auf dem 6,9 Kilometer langen Sagen- und Legendenweg, der vom Parkplatz am Geschichtspark Bärnau aus ausgeschildert ist. Weitere Stationen auf dem Rundweg sind unter anderem die frühere Richtstätte, die Kapelle St. Elisabeth, die Ortschaft Naab und der Bärnauer Friedhof.

tier. Dieser zeigte sich gegenüber den Lehren des Reformators sehr aufgeschlossen und bewirtete ihn sogar mit „einem großen Humpen Wein", wie Jan Hus neun Tage später freudig in einem Brief an Freunde berichtete.
Trotzdem bekamen nach dem Tod von Jan Hus auch die Bärnauer die Wut und die Rache seiner Anhänger voll zu spüren. Raubend, mordend und plündernd überfielen die Hussiten danach immer wieder Städte und Dörfer. Zwischen Martini und Weihnachten des Jahres 1421 war erstmals Bärnau an der Reihe. Beim Hussenbäuml schlugen die Hussiten nach der Sage ihr Lager auf und bereiteten den Sturm auf die Stadt vor. Nicht nur viele Bürger, auch einige Angreifer sollen bei den anschließenden Kämpfen ihr Leben verloren haben. Mindestens einer davon, nach der Sage ein sehr vornehmer Mann, soll dort begraben sein. Fragen wirft dabei ein Schild an der Gedenksäule auf. Dort ist nämlich die Jahreszahl 1419 zu lesen. Die Hussiten überfielen die Stadt aber erst zwei Jahre später.
Die Sage berichtet weiter, dass nördlich auf der Anhöhe Richtung Wendern noch eine Kriegskasse der Hussiten vergraben ist. Es soll dort eine Stelle geben, auf der die Schritte so klingen, wie wenn man über einen Hohlraum gehe. Genau dort muss man suchen. Manche wollen in der Gegend auch schon ein mannshohes Feuer gesehen haben, das nach ihrer Überzeugung auf die Kriegskasse hingewiesen hat. Ein Knecht soll den Schatz sogar schon einmal ausgeackert haben. Aber da er die Münzen nicht schweigend aufklaubte, sondern seinen Ochsen ein Kommando gab, verschwand die Kriegskasse krachend wieder in der Tiefe – mit Ausnahme einiger Münzen, die der Knecht da bereits in Händen hielt.

DER SULZTEICH IN **BEIDL**: DIE SCHAURIGE GESCHICHTE VOM TEUFELSSTEIN

Vier Meter lang, drei Meter breit und etwa zwei Meter hoch: Das sind in nüchternen Zahlen in etwa die Abmessungen des seltsamen Steins, der im Sulzteich von Beidl liegt. Doch berühmt ist der runde Felsblock nicht wegen seiner Abmessungen, sondern wegen der schaurigen Geschichte, die sich um ihn rankt. Der Teufel persönlich soll ihn dort hingebracht haben. Eigentlich wollte er damit die Kirche im Ort zertrümmern, so heißt es. Doch es kam – wie so oft – ganz anders.

Der große Granitblock, der da im Sulzteich liegt, mutet wirklich sonderbar an. Vor allem im Herbst, wenn das Wasser abgelassen ist, wird deutlich, wieso der Block Menschen Angst einflößt und unheimlich erscheint. Oben ist der Fels grün, mit Moos überzogen. Der Bereich, der im Sommer unter dem Wasserspiegel liegt, ist moosfrei und grau. Die Kante zwischen beiden Farben sieht wie mit dem Lineal gezogen aus. Auf dem Fels steht seit 2009 wieder, so wie früher, eine Kreuzigungsgruppe. Zeitweise ragten drei hölzerne Kreuze aus dem Felsen, die 1934 aufgestellt worden waren, weswegen der Granitbrocken auch unter dem Namen Dreikreuzestein bekannt ist.

Die Sage berichtet, dass der Teufel die Gestalt einer Krähe annahm, um sich unerkannt der neu erbauten Beidler Kirche nähern zu können. Mit einem Stein im Schnabel flog der Fürst der Finsternis in Rich-

INFO:
Der Teufelsstein im Sulzteich ist leicht zu finden. Der Sulzteich liegt am Ortsrand direkt neben der Kreisstraße von Schönficht nach Plößberg (TIR 17).

tung Gotteshaus. Als der Vogel sein Ziel fast erreicht hatte, begann das Angelusläuten. Da fiel der Krähe vor Schreck der Stein aus dem Schnabel. Beim Fallen wurde er größer und größer und landete schließlich als gewaltiger Felsblock im Sulzteich. Da liegt er nun. Einmal im Jahr – am Karfreitag um 12 Uhr – soll er sich seitdem lautlos um seine eigene Achse drehen, so heißt es.
Ob der Teufel wohl wusste, welch schöne und prächtige Kirche die Beidler da bekommen würden? Sie wurde zwischen 1729 und 1732 unter der Regie des bekannten Waldsassener Klosterbaumeisters Philipp Muttone errichtet und steht im Ruf, eine der schönsten und ältesten Barockkirchen des Stiftlands zu sein. Vielleicht hatte es der Teufel aber auch auf die 30 Jahre später ostseitig an die Kirche angebaute Leonhardikapelle abgesehen. Sie war im 18. Jahrhundert eine stark frequentierte Wallfahrtsstätte, wohl vor allem wegen des Patronats. St. Leonhard ist ein Heiliger, den die Bauern sehr verehren. Man zählte damals bis zu 8000 Pilger pro Jahr, so berichtet es zumindest die Chronik.

IN
RI

DER DOCKERDIMPFL IN DER **TEICHPFANNE**: WOHIN DIE TIRSCHENREUTHER IHRE ARMEN SEELEN VERBANNTEN

Das Stiftland im Landkreis Tirschenreuth ist auch als „Land der 1000 Teiche" bekannt. Dabei ist das weit untertrieben. Es gibt oder gab hier mehr als 4000 Teiche. Wenn dichte Nebelschwaden über die grauen Wasserflächen wabern und die Silhouetten der Bäume sich im Weißschleier verlieren, hinterlassen sie oft einen gespenstischen Eindruck. Da in früheren Jahrhunderten die Leute nicht schwimmen konnten, waren Wasserflächen von Haus aus unheimlich.

Sagen berichten zum Beispiel, dass im Tirschenreuther Stadtteich, der den Ort umgab und zur Kleinen Landesgartenschau 2013 teilweise wieder aufgestaut worden ist, ein Wassermann und Wasserfrauen wohnten. Auch als das Gewässer 1808 trocken gelegt wurde, um Land zu gewinnen, blieb ein beklemmendes Gefühl, zumal von da an der vom Waldsassener Frater Philipp Muttone nach dem Vorbild der Steinernen Brücke von Regensburg von 1748–1750 erbaute Übergang zum Fischhof ohne Wasser gespenstisch wirkte.

Die meisten Wassergeister gibt es in der Heusterz zwischen Tirschenreuth und Wiesau – mundartlich Heistaaz ausgesprochen. Der „Heistaaz-Girgl", der „Heistaaz-Zoafl", der Leuten gerne aufhockt, Wasserfrauen und Holzfräulein sollen dort ihr Unwesen

INFO:

Der Dockerdimpfl liegt an der nordwestlichen Ecke der Tirschenreuther Teichpfanne. Durch das Teichgebiet führt der Vizinalbahnradweg, eine ehemalige Bahntrasse. Von der Aussichtsplattform Himmelsleiter kann man einen Blick in das sagenumwobene Gebiet werfen, das mit der Holzkapelle Waldnaabaue seit 2022 eine weitere Attraktion hat.

treiben. Der schlimmste Ort ist der Dockerdimpfl. Das Wasser ist aus dem einstigen Tümpel schon vor langer Zeit verschwunden, und Bäume haben die Fläche erobert. Geblieben sind Spukgeschichten und die Angst vor vielen Armen Seelen, die dort umgehen sollen.

Daran sind die Tirschenreuther nicht ganz unschuldig. Denn sie haben, so erzählt die Sage, die Armen Seelen selbst dorthin gebracht. Wenn ein Verstorbener keine Ruhe fand und im Haus umging, dann holten die Bewohner einen Verbeter, der das Hausgespenst in einen Käfer verwandelte und in den Dockerdimpfl warf. Diese Geschichte hat die Fantasie beflügelt. Bald machten auch Sichtungen von allerlei sonderbaren Tieren, wie einem Riesenkrebs mit feurigen Augen, und von aus dem Wasser ragenden Händen die Runde. Unter den Geistern, die umgehen, soll sogar ein ehemaliger Bürgermeister von Tirschenreuth sein: Paul Stingl (1638–1707), ein launischer und kirchenkritischer Zeitgenosse.

Nach den Erzählungen ist ein Handwerksbursch schuld daran, dass der Teich eingetrocknet ist. Er kam zufällig vorbei, als das Gewässer abgefischt wurde und bat um einen Fisch.

Foto: Udo Lanz

Foto: Thomas Sporrer

Doch die geizigen Bürger gaben ihm keinen. Daraufhin verfluchte der Mann das Gewässer mit den Worten „So sollt auch ihr keine Fische mehr bekommen!“ Im gleichen Augenblick riss der Teichboden auf, und das Wasser verschwand in der Tiefe.

Mittlerweile gibt es in diesem Gebiet viele andere Gewässer, die an den Dockerdimpfl erinnern. Im Rahmen des 1999 genehmigten Bundes-Naturschutzgroßprojekts „Waldnaabaue“ wurden in einem 3200 Hektar großen Gebiet Teiche angestaut und Feuchtflächen renaturiert. An vielen Stellen ragen nun gespenstisch anmutende Baumskelette hinter ausgedehnten Schilfgürteln aus dem Wasser. Vielleicht sind die Dockerdimpfl-Geister ja dorthin umgezogen.

Foto: Udo Lanz

DER LINDENBAUM BEI **ERBENDORF**: EIN BENEFIZIAT LEHRT DEN TEUFEL DAS FÜRCHTEN

Am ganz in der Nähe der Stadtbadstraße stehenden Lindenbaum soll es in Erbendorf umgehen. Dort, so erzählt man sich, lauere der Teufel nächtlichen Passanten auf. Vor langer Zeit soll der Fürst der Finsternis aus einem Wirtshaus der Stadt verbannt worden sein. Beim Lindenbaum ist er dann laut Sage in die Unterwelt zurückgekehrt. Seitdem treibe er dort sein Unwesen.

Mittlerweile ist die Bebauung der Stadt nah an den Lindenbaum herangerückt. Sogar eine Sitzgruppe lädt dort zur Rast ein. Und doch wird das Fleckchen Erde nachts nach dem Motto „Man weiß ja nie" von vielen gemieden. Die Geschichte mit der Verbannung des Teufels begann in einer Christnacht im damaligen Kreuzwirtshaus an der Bräugasse. Dort spielten vier gottlose junge Burschen während der Mette Karten. Und wenn das Blatt mal nicht so war, wie sie es gerne gehabt hätten, dann schimpften sie und stießen derbe Flüche aus. Dabei fiel auch immer wieder der Ausdruck: „Wenn na glei da Deifl kammat …"

Der ließ sich nicht lange bitten. Als in der nahen Kirche die Glocken zur Wandlung läuteten, betrat er in der Gestalt eines Jägers die Gaststube und setzte sich zu den vier Burschen. Als einem der jungen Männer ein Geldstück zu Boden fiel und der beim Aufheben unter dem Tisch den Geißfuß des Fremden sah, dämmerte es ihnen, mit wem sie es zu tun

INFO:
Seit 1991 erinnert eine Tafel in der katholischen Pfarrkirche Mariä Himmelfahrt am Aufgang zur Empore an den bekannten Teufelsaustreiber Balthasar Weißbach.

hatten. Der Wirt holte in einem unbemerkten Augenblick Benefiziat Balthasar Weißbach, einen Priester, der sich mit Teufelsaustreibung auskannte und ganz in der Nähe wohnte. Dem Priester gelang es wirklich, mit Gebeten und Weihwasser den Teufel aus der Wirtsstube zu vertreiben. Der Teufel fuhr südwestlich der Stadt beim Lindenbaum zurück in die Hölle, und in der Wirtschaft blieb ein furchtbarer Schwefelgeruch zurück.

Der Benefiziat soll im alten Gottesacker, der früher rund um die katholische Kirche angelegt war, begraben sein. Was mit seinen Büchern, in denen er seine Beschwörungsformeln niedergeschrieben hat, passiert ist, ist nicht ganz klar. Nach den einen Überlieferungen ließ der fromme Priester sie in die Fichtelnaab werfen, andere Berichte erzählen, dass er verfügt habe, dass sie ihm mit ins Grab gelegt würden. Einige an der Mauer eingelassene Grabplatten erinnern bei der Pfarrkirche noch an den früheren Gottesacker. Weißbach war an der Westseite der Kirche beigesetzt. Seine letzte Ruhestätte bestand bis etwa 1923. Ein Jahr nach seinem Tod öffneten Räuber das Grab, wohl um die Bücher zu stehlen. Nach einer Sage sprang der Sargdeckel von selbst auf, der Leichnam richtete sich mit erhobenem Zeigefinger auf. Die Grabräuber sollen in Todesangst das Weite gesucht haben. Keiner kann mehr sagen, was daran wahr und was Dichtung ist. Sicher ist, dass es Weißbach gegeben hat und sein Grab aufgebrochen worden ist. Das belegen Akten aus dem Jahr 1819, die man im Erbendorfer Rathaus gefunden hat.

DIE BURGGEISTER VON **FALKENBERG**: ZWÖLF RAUBRITTER FINDEN KEINE RUHE

Die Falkenberger Burg ist tagsüber eines der beliebtesten Ausflugsziele der Region. Nachts ist sie einer der schaurigsten Plätze. Um die Burg ranken sich allerlei Spukgeschichten. Raubritter sollen ebenso keine Ruhe finden wie eine Frau, die sich in den Tod gestürzt hat.

Strategisch günstig thront die Burg am Ufer der Waldnaab auf einem Granitfelsen. Die erste urkundliche Erwähnung datiert aus dem Jahr 1154. Teile der Mauern stammen bereits aus dem 11. Jahrhundert.

Nach einer Sage hausten auf ihr einst zwölf gefürchtete Raubritter. Sie verbreiteten Angst und Schrecken. Einen Handwerksburschen zwangen sie, so lange für sie auf der Fidel zu spielen, bis er tot umfiel. Eine junge Frau sprang lieber aus einem Fenster in den Tod, als sich den Räubern hinzugeben, und ein Priester verhungerte im Verlies, weil er sich weigerte, eine Schwarze Messe zu lesen. Alle drei beteten nach der Sage, bevor sie starben: „Vater, verzeih ihnen, denn sie wissen nicht, was sie tun. Strafe sie nach deiner Art, aber verdamme sie nicht." Schließlich nahm der Landesherr die Burg ein, und die Raubritter starben im Burghof. Sie müssen nun bis zum Jüngsten Tag umgehen.

Es sollen noch Schätze der Räuber in dem Gemäuer versteckt sein. Ab und zu erscheint eine weiße Frau und winkt Vorübergehenden vom Burgtor aus zu. Wer bedürftig ist, darf mit ihr gehen und etwas von

INFO:
In acht Hotelzimmern kann man in der Burg übernachten und sich selbst davon überzeugen, was an den schaurig-schönen Spukgeschichten rund um die Burg Falkenberg dran ist. Damit es nicht ganz so gruselig wird: In allen Hotelzimmern stehen Doppelbetten.

den Schätzen nehmen. Aber Vorsicht: Man darf die Burg dann erst nach Sonnenuntergang betreten und muss sie vor Mitternacht verlassen, ansonsten ist man dazu verdammt, ein Jahr lang mit den Raubrittern zu geistern. Bei der weißen Frau soll es sich um das Mädchen handeln, das sich in den Tod gestürzt hat.

Auch für zwölf Steine, die in der Nähe im Flussbett liegen, gibt es eine „sagenhafte Erklärung". Einer der Burgherren hatte es auf die Ehefrau eines Falkenberger Bauern abgesehen. Doch die sprang lieber in die Waldnaab, als Ehebruch zu begehen. In diesem Augenblick bildete sich eine Eisschicht, und die Frau konnte über das Wasser laufen. Als zwölf Verfolger hinterherstürzten, wurde das Eis zu Wasser, und sie erstarrten zu Stein.

1643 eroberten schwedische Truppen im Dreißigjährigen Krieg die Burg. Obwohl sie dabei stark beschädigt wurde,

war sie danach noch einige Jahre bewohnt. Dann ließ man sie verfallen. 1936 erwarb Diplomat Friedrich-Werner Graf von der Schulenburg, deutscher Botschafter in Moskau, die Ruine und ließ die Burg als Ruhestandssitz wieder aufbauen. Lange konnte er sich nicht daran erfreuen. Der Diplomat gehörte der Widerstandsbewegung um Graf Stauffenberg an und wurde nach dem gescheiterten Attentat auf Adolf Hitler am 20. Juli 1944 verhaftet und am 10. November 1944 in der Hinrichtungsstätte des Strafgefängnisses Berlin-Plötzensee gehängt. 2009 erwarb die Marktgemeinde das Gemäuer und machte daraus ein Museum, ein Hotel sowie ein Kultur- und Tagungszentrum. Der Name der Burg soll daher herrühren, weil ein Kaiser auf der Kuppe einen entflogenen Jagdfalken wiederfand. Bis dahin hatte der Felsen Naabberg geheißen.

Schramlohweg

DIE **FUCHSMÜHLER** HOLZSCHLACHT: DAS „BAUERNSTECHEN“ IN DER SCHRAMMLOHE

In der Nähe von Herzogöd liegt eine Waldabteilung, bei der allein schon der Name bei vielen Fuchsmühlern für Gänsehaut sorgt: die Schrammlohe. Zwei Männer – Georg Stock (69) und Leonhard Bauer (70) – haben dort 1894 ihr Leben verloren. Stock starb auf dem Schlachtfeld, Bauer verblutete auf dem Weg zurück nach Fuchsmühl. Ein weiterer Bürger, der 17 Mal mit einem Bajonett verwundet worden war, überlebte knapp. Viele Einwohner wurden verletzt, darunter Frauen und Kinder.

Als Holzschlacht ging dieses furchtbare Gemetzel in die Geschichtsbücher ein. Es war ein einseitiger Kampf. Auf der einen Seite standen Bürger, die uralte Holzrechte einlösen wollten, auf der anderen Seite Soldaten, die das mit Waffen verhindern sollten.

Schon lange schwelte ein Rechtsstreit wegen der Holzrechte. Er gipfelte in jenen Bauernaufstand, der am 30. Oktober 1894 den Wald zum Schlachtfeld machte. Die Fuchsmühler Schloss- und Gutsherren von Zollern wollten den Bürgern das Recht, in den herrschaftlichen Wäldern eine bestimmte Menge Holz schlagen zu dürfen, nicht mehr gewähren. Jahrzehnte hatten beide Seiten deswegen prozessiert. Als bekannt wurde, dass die Holzrechtler den Prozess wohl verloren hatten, wollten sich diese wenigstens noch das rückständige Holz der vergangenen Jahre holen. Der Winter stand bevor, und viele hatten ihre Vorräte aufgebraucht.

INFO:

Zum Marterl führt neuerdings ein Holzschlacht-Gedenkweg, der den Marsch der Einwohner und Soldaten nachzeichnet. Alle zehn Jahre ruft die Fuchsmühler Laienspielgruppe die Ereignisse zudem mit dem historischen Theaterstück „'s Recht is unser", verfasst vom Heimatdichter Theo Schaumberger (1950–2006), auf der Freilichtbühne an der Felsengruppe Hackelstein in Erinnerung.

200 Männer, Frauen und Kinder rückten am 29. Oktober 1894 um 8 Uhr in die Schrammlohe aus. Die Förster des Barons holten die Gendarmerie zu Hilfe. Doch auch die Polizeigewalt konnte die Fuchsmühler nicht von ihrem Tun abbringen. Deshalb forderte die Gendarmerie Militär als Unterstützung an. Eine 50-köpfige Abteilung des 6. Infanterieregiments aus Amberg rückte an. Die Soldaten forderten die Holzrechtler drei Mal auf, die Arbeiten einzustellen, dann gingen sie mit aufgepflanzten Bajonetten gegen sie vor.

Viele Fuchsmühler wussten nicht, wie ihnen geschah. Einige hatten die Aufforderung gar nicht gehört, entweder weil sie schwerhörig waren oder weil sie zu weit weg standen. Die Tatsache, dass neben den Toten elf weitere Fuchsmühler Stichverletzungen im Rücken und die Soldaten keinen einzigen Verletzten zu beklagen hatten, spricht Bände. Auch die folgenden Prozesse verloren die Fuchsmühler. Sie wurden verurteilt, was deutschlandweit für einen Sturm der Entrüstung sorgte. Prinzregent Luitpold begnadigte daraufhin die Holzrechtler.

Das Vertrauen in die Obrigkeit war trotzdem erschüttert. Zum 100. Jahrestag der Holzschlacht im Jahre 1994 wurden ein schlichter Granitstein und ein Metallkreuz in der Waldabteilung aufgestellt. Die Protagonisten jener unsäglichen Vorfälle waren da längst alle tot. Weitere 25 Jahre später, zum 125. Jahrestag, folgten Tafeln, welche die schrecklichen Ereignisse schildern.
Dem Baron von Zollern brachte sein „Sieg“ kein Glück. 1937 verkaufte er alle seine Fuchsmühler Waldungen an die Stadt Augsburg, welche das Forstgebiet mit dem Schlachtfeld als Ersatz für den Deuringer Wald, der Truppenübungsplatz wurde, erwarb.

DER GEISTER- UND AUGENWALD HARLACHBERG: SPAZIERGANG MIT GESPENSTER-GARANTIE

Wer Geister unbedingt live sehen will, auch dem kann geholfen werden. Es gibt im Landkreis Tirschenreuth tatsächlich einen Weg mit „Spuk-Garantie“: den Augen- und Geisterwald der Pullenreuther Gesellschaft Steinwaldia bei Harlachberg. Er ist gleichzeitig der Geisterwald mit der größten Gespensterdichte weit und breit.
Man muss nicht lange suchen, um dem ersten Gespenst zu begegnen. Nur wenige Meter hinter dem Parkplatz beim Hochbehälter geht es mit dem Spuk los. Ein seltsamer Drache begrüßt dort die Besucher. Später gibt es auch noch allerlei andere seltsame Gestalten zu sehen. Sie hängen an knarrenden Ästen, lehnen an angefaulten Baumstämmen oder entwachsen dem modrigen Waldboden: einfach schauderhaft, was sich rechts und links des Weges tummelt. Der Geisterwald ist 2004 bei einer Ferienprogramm-Veranstaltung der Gesellschaft Steinwaldia entstanden. Einige Dutzend Kinder haben ihrer Fantasie freien Lauf gelassen und mit Naturmaterialien die ersten Waldgeister, Fabel- und Zauberwesen dort angesiedelt. Seitdem gibt es ein Kommen und Gehen. Alte Gespenster werden erlöst und zerfallen zu Staub und neue siedeln sich an. Der etwa 600 Meter lange Rundweg ist mittlerweile ein Geheimtipp für Familien. Jung und Alt tauchen dort gerne für ein, zwei Stunden in die Welt des Irrationalen ein. Dabei erinnern sich die Älteren bisweilen auch an manch

TIPP:
Der Geister- und Augenwald ist am schnellsten über den Parkplatz beim Hochbehälter Harlachberg zu erreichen. Dazu einfach den Ort in Südrichtung durchqueren und der Straße bis zum Waldrand folgen.

eine Sage von weißen Frauen und verwunschenen Rittern, die sie vor langer Zeit von ihren Eltern oder Großeltern gehört haben. Damit trägt der Geister- und Augenwald ein bisschen dazu bei, dass die zahlreichen uralten Sagen aus der Region nicht ganz in Vergessenheit geraten.

Auch beim Programm der südwestlich vom Geisterwald gelegenen Glasschleif der Gesellschaft Steinwaldia spielen Sagen- und Gespenstergestalten eine Rolle. Neben schaurig-schönen Erzählungen in der Hutza-Stubn des Vereinsgebäudes erweckt die Gesellschaft in den Raunächten zwischen dem Weihnachtstag (25. Dezember) und dem Fest Erscheinung des Herrn (6. Januar) die Wilde Jagd, das Moosweiblein, die weiße Frau, Hexen und andere schaurige Gestalten aus den Erzählungen der Region zum Leben. Der Termin zwischen den Jahren kommt nicht von ungefähr. Der alte Volksglaube besagt, dass in den Raunächten die Pforten zu anderen Welten weit offen stehen. Die Veranstaltung soll die Erinnerung daran wach halten.

DER RAUB VON KAIBITZ: BRUTALER MORD WEGEN EINER JOPPE UND EIN PAAR STIEFELN

Das denkmalgeschützte Hammerschloss in Kaibitz kann auf eine lange Geschichte zurückblicken. Wie anno dazumal steht der stattliche, dreiflügelige Bau mit den hübschen Mansarden- und Walmdächern, zu dem neben einer Mahlmühle auch eine Papiermühle und eine Schlossbrauerei gehört haben, in einem kleinen Park mit stämmigen Laub- und Nadelbäumen. Im Schatten des Schlosses ist am 26. August des Jahres 1922, also zur Zeit der Weimarer Republik, eine Bluttat geschehen, die noch heute fassungslos macht. Ein schrecklicher Raubmord, begangen wegen einer Jacke und ein Paar Stiefeln, brachte den kleinen Ort 1922 in Verruf. Das Haus an der südlichen Ortseinfahrt zwischen Dorfstraße und Fallbach, in dem die Bluttat geschehen ist, steht nicht mehr, aber noch immer lassen die Erinnerungen an die Vorkommnisse jener Augustnacht erschaudern.

Der Täter war ein 19-jähriger Dienstknecht aus Dreihäuser bei Pullenreuth, das Opfer ein 60-jähriger verwitweter Häusler und Tagelöhner aus Kaibitz. Er hatte seinen Mörder selbst zu sich eingeladen, um gemeinsam das eine oder andere Ding zu drehen. Die Situation eskalierte. Es gab einen bestialischen Kampf. Der 60-jährige Kaibitzer wurde am Morgen mit 71 inneren und äußeren Verletzungen erschlagen im Haus aufgefunden. Tödlich war nach den Erkenntnissen der Leichenschau ein Axthieb auf den Kopf.

INFO:
Die Hinrichtung des Mörders von Kaibitz war eines der letzten Todesurteile, das im Weidener Gefängnis vollstreckt worden ist. Das Haus, in dem sich die schreckliche Bluttat ereignet hat, steht nicht mehr. Es ist danach abgerissen worden.

Die Geschichte begann in Kemnath in der alten Fronfeste. Der Bau, in dem heute ein Museum untergebracht ist, war damals ein Gefängnis. Dort lernte das Opfer seinen Mörder kennen. Beide Männer saßen eine Haftstrafe ab und vereinbarten, später zusammenzuarbeiten.

Nach der Freilassung tauchte der 19-Jährige in Kaibitz auf. Zuerst stahlen die Männer nachts von einem Feld beim Nachbarort Höflas Gurken und Kartoffeln. Auf dem Weg dorthin schmiedete der 19-Jährige seinen teuflischen Plan, wie er bei der Vernehmung zugab. Seine Joppe war verschlissen, seine Schuhe hatten Löcher. Der 60-jährige Kumpan hatte intakte Stiefel und eine ordentliche Jacke.
Warum die Situation an jenem 26. August eskalierte, lässt sich nicht nachvollziehen, zumal sich die Ermittlungsergebnisse der Polizei und das Geständnis des Mörders widersprechen. Es gab auf jeden Fall eine handfeste Auseinandersetzung, die teilweise auch außer Haus ausgetragen wurde. Nachbarn bekamen den Kampf mit, aber keiner griff ein, wohl weil das Haus als Räubernest verschrien war. Schon als Kind hatte der Kaibitzer mit dem Bruder und der Mutter so manches Ding gedreht, darunter war auch ein Einbruch in die nahe Kirche von Kastl im Januar 1884. Als der Pfarrer bei einer Hochzeit war, plünderte das Trio das Gotteshaus aus. Die Beute waren wertvolle Monstranzen und ein Kelch, die Hostien warfen sie auf den Boden.
Der 19-Jährige wurde drei Tage nach dem Mord in Nürnberg gefasst und im November in Weiden zum Tode verurteilt. Ein elfköpfiges Vollstreckungskommando erschoss den Verurteilten am 30. November 1922 im Innenhof des dortigen Gefängnisses.
Der Kastler Heimatforscher und Bürgermeister Johann Walter hat sich jahrelang mit den Ereignissen jener Tage beschäftigt. Er ist überzeugt, dass in den unruhigen Zeiten nach dem Ersten Weltkrieg mit dem Urteil ein Exempel statuiert werden sollte, auch weil knapp fünf Monate vorher rund 200 Kilometer von Kaibitz entfernt ein bestialischer Sechsfachmord nicht aufgeklärt werden konnte. Dort waren in der Nacht zum 1. April im Einödhof Hinterkaifeck bei Schrobenhausen alle sechs Bewohner ermordet worden: einer der schlimmsten Cold Cases der deutschen Nachkriegsgeschichte.

DER VERSUNKENE ORT HÖGELSTEIN BEI **MÄHRING:** VOM „NIKLAS" UND DREI WEISSEN JUNGFRAUEN

Viele denken nur zur Weihnachtszeit an den heiligen Nikolaus. In Mähring ist das anders. Dort ist der „Niklas" das ganze Jahr über gegenwärtig. Und manch einer denkt mit einem gewissen Gänsehautgefühl an ihn. Den Grund dafür findet man im Wald, etwa 200 Meter von der bayerisch-böhmischen Landesgrenze entfernt.

Dort steht auf einer Lichtung die Mähringer Filialkirche St. Nikolaus. Das Gotteshaus auf dem Niklasberg ist das letzte Zeugnis einer versunkenen Siedlung. Der Ort hieß früher Hohenstein und dann später Högelstein und war von 1183 an Sitz eines Propstes, der zum Benediktinerkloster Reichenbach am Regen im Bayerischen Wald gehörte. 1442 erwarb das Kloster Waldsassen die Propstei.

Die Geschichte hatte Högelstein und seinen Bewohnern da wohl schon übel mitgespielt. Der Ort soll im Mittelalter von den Hussiten überfallen und geplündert worden sein, und die Pest soll hier furchtbar gewütet haben. Was letztlich schlimmer war und den Ort von der Landkarte radiert hat, lässt sich nicht mehr nachweisen. Eine Sage berichtet auf jeden Fall, dass Hussiten um 1430 Högelstein zerstört haben. Seit 1440 war es sicher eine Wüstung.

Es ist deshalb davon auszugehen, dass das Kloster Waldsassen nicht sehr viel Geld dafür ausgegeben hat. Auch das Gotteshaus war lange dem Verfall preisgegeben. 1690 errichtete das Kloster Waldsas-

INFO:

Die Nikolauskirche liegt etwa auf halber Höhe an der Straße von Mähring nach Altmugl. Das Kirchenschiff und der Altarraum sind meist durch ein verschlossenes Gitter abgesichert.
Im Sommer feiern die Gläubigen von Mähring am Feiertag Mariä Himmelfahrt (15. August) dort alljährlich ihr Pfarrfest. Und zum Nikolaustag am 6. Dezember schaut nach dem Gottesdienst der Patron persönlich vorbei und beschenkt die Kinder.

sen die Kirche neu, zunächst als Holzbau. Nachdem 1894 ein Blitz in die Kirche eingeschlagen und das Gotteshaus in Brand gesetzt hatte, wurde 1899 das St.-Nikolaus-Kirchlein, so wie man es heute kennt, errichtet.

Um den sakralen Bau und den Platz im Wald ranken sich eine Menge seltsamer Geschichten. Man erzählt sich, dass es dort nachts umgehe. Bei der Kirche am Niklasbach erscheinen demnach um Mitternacht von Zeit zu Zeit drei weiße Jungfrauen, die stumm Wäsche waschen. Sehen kann sie aber nur, wer völlig ohne Sünde ist. Was es mit dieser Erscheinung auf sich hat, weiß keiner.

Auch ein Bauer aus Mähring hat nach einer anderen Sage Seltsames auf dem Niklasberg erlebt. Er war mit einem Fuhrwerk unterwegs, das er schwer beladen hatte. An einer feuchten Stelle blieb das Gefährt im Morast stecken. In seiner Not rief der Mann den heiligen Nikolaus um Hilfe an. Und weil doppelt genäht besonders gut hält, holte er auch noch die Heiligenfigur aus der Kirche und stellte sie hinten auf den Wagen. Prompt schafften es die Pferde nun, die Fracht aus dem Matsch zu ziehen. Erleichtert setzte der Fuhrmann

die Fahrt fort. Er beging dabei jedoch einen folgenschweren Fehler. Er brachte die Heiligenfigur nicht zurück an ihren angestammten Platz in die Kirche, sondern stellte sie einfach am Wegrand ab. Irgendwer, so dachte er sich, werde den „Niklas" schon wieder in die Kirche mitnehmen. Weit kam der Mähringer nicht, da brachen sich die Pferde auf einer abschüssigen Strecke die Beine. Da bereute der Bauer sein Tun, ging den Weg zurück und stellte die Statue persönlich wieder an ihren Platz am Altar. Später ließ er als Mahnung für andere auch Hufeisen an der Wand anbringen, eine Tradition, die immer noch in der Kirche gepflegt wird.

DER „SCHMIED VON MITTERTEICH“: EIN BISSCHEN BRANDNER KASPAR, EIN BISSCHEN DOKTOR FAUST

Es ist ein furchtbares Szenario, das sich in der Mitterteicher Innenstadt abspielt. Ein bärtiger, älterer Mann mit buschigen Augenbrauen kämpft dort jahraus, jahrein mit Höllengeistern. Er versucht unter einem kahlen Apfelbaum, an dem letzte Früchte hängen, sie in einen Sack zu packen. Oben schauen Hörner heraus und unten aus einem Schlitz ein Geißfuß. Der Mann scheint sich seiner Sache sicher. Er lächelt. Ob er weiß, dass hinter ihm der Tod lauert?

Der Brunnen am Marktplatz zeigt einen der bekanntesten „Söhne“ der Stadt: den „Schmied von Mitterteich“. Es ist fraglich, ob er je gelebt hat. Seine schauderhafte Lebensgeschichte entstammt der Märchen- und Sagenwelt und wurde literarisch in einem Epos aufgearbeitet.

Da der Schmied kein Eheweib findet, geht er einen Pakt mit dem Teufel ein. Der verspricht ihm eine Frau, wenn er nach dreißig Jahren seine Seele bekomme. Als die Ehefrau vom Handel erfährt, pilgert sie in den Marienwallfahrtsort Altötting. Christus persönlich macht sich daraufhin mit Petrus und Johannes auf den Weg nach Mitterteich. Da der Schmied die drei Unbekannten gut aufnimmt und reich bewirtet, erfüllt Christus ihm drei ungewöhnliche Wünsche, mit denen er sein Seelenheil retten kann. Jeder, der beim Schmied durch das Fenster steigt, auf seinen Apfelbaum klettert oder in seinen

INFO:
Das Denkmal am Marktplatz stammt von dem aus Mitterteich stammenden Bildhauer Engelbert Süß. Die in Bronze gegossene, über vier Meter hohe Brunnenplastik zeigt ganz in der Nähe der Pfarrkirche St. Jakob den Kampf des Schmieds mit den Höllengeistern.

Sack gesteckt wird, ist daran beziehungsweise darin gebannt. Damit kann der Schmied den Teufel, die Höllengeister und den Tod überlisten. Fünf weitere Jahre auf Erden handelt der Mitterteicher mit dem Boindlkramer aus. Am Schluss schafft er es mit einer weiteren List, in den Himmel eingelassen zu werden.

Fast zwangsläufig kommt einem dabei die „Gschicht vom Brandner Kaspar“ in den Sinn, der den Tod beim Kartenspiel austrickst. Ob es reiner Zufall ist, dass die Brandner-Kaspar-Urfassung von Franz von Kobell 1871, also im gleichen Jahr wie der „Schmied von Mitterteich“ erschienen ist? Wegen vieler Parallelen zum Werk von Johann Wolfgang von Goethe wird der „Schmied von Mitterteich“ bisweilen auch als „Stiftland-Faust“ bezeichnet.

Leider ist über den Autor Mathias Schmidtler (1800–1877) nur wenig bekannt. Er war ein gebürtiger Oberpfälzer, der im Jahr 1800 in Rötz geboren wurde. Der Vater war Bäcker und zog mit seiner Familie 1802 nach Regensburg. Nach dem Besuch eines humanistischen Gymnasiums studierte Mathias Schmidtler in München, Landshut und Wien zuerst Medizin und dann Altphilologie und arbeitete schließlich als Lehrer. Seine Beziehungen zu Mitterteich sind nicht bekannt.

Eine von Franz Xaver von Schönwerth einige Jahre vor der Veröffentlichung des „Schmieds von Mitterteich“ aufgeschriebene Sage aus dem nahen Ebnath nimmt einen ähnlichen Verlauf. Dort erfüllte ein Geselle dem Schmied drei Wünsche. Dieser Schmied findet jedoch keine Ruhe und ist zwischen Himmel und Hölle gefangen.

1713
EGER

DAS WIRTSHAUS VOM SPESSART LÄSST GRÜSSEN: DER REITER OHNE KOPF VON **MÜNCHENREUTH**

Auch bei Münchenreuth soll es spuken. Bei der am Weg nach Pechtnersreuth stehenden Weißen Marter treibt nachts ein Reiter ohne Kopf mit Passanten seinen Schabernack. Viele bringen das Gespenst mit einem in letzter Sekunde vereitelten Kapitalverbrechen aus dem 18. Jahrhundert in Verbindung. Ein Kaufmann aus Eger sollte dort ermordet und ausgeraubt werden, wurde aber wie durch ein Wunder gerettet.

Die bekannte Geschichte vom Wirtshaus im Spessart lässt bei dieser Geschichte grüßen. Der Vorfall im räuberischen Wirtshaus im Stiftland passierte unweit der berühmten Großen Kappl, die als einer der eigenartigsten Sakralbauten Deutschlands gilt. Der bekannte Baumeister Georg Dientzenhofer hat die Pläne für diesen Rundbau, der von 1685–1689 errichtet worden ist und bei dem sich alles um die Zahl Drei dreht, entworfen. Der Grundriss ähnelt einem Kleeblatt – natürlich einem dreiblättrigen.

Im Jahre 1713, also rund 24 Jahre nach der Weihe der Kappl, war Johannes Niklas Adler aus Eger in der Gegend zu Fuß unterwegs, um Geschäftsbeziehungen zu pflegen und Geld bei Kunden abzuholen. Er war aus Richtung Konnersreuth auf dem Heimweg und hatte deshalb einen hohen Betrag dabei. Da es schon dunkel wurde, beschloss er, noch ein-

INFO:

Die mit einem Bildnis der Dreifaltigkeit verzierte, im Barockstil gestaltete Weiße Marter steht unter einem mächtigen Baum direkt an der Straße von Münchenreuth nach Pechtnersreuth. Sie ist nicht zu übersehen, da sie recht groß und zum Schutz vor Wind und Wetter mit einer hölzernen Einhausung versehen ist.

mal in einer Wirtschaft zu übernachten. Bei Münchenreuth kehrte er in einem Gasthof ein. Die Wirtsleute machten auf den Mann aus Eger von Anfang an keinen vertrauenswürdigen Eindruck, mit Ausnahme eines jungen, blassen Mädchens, das ihn bediente. Sie war, wie er im Gespräch mit ihr erfuhr, noch nicht lange im Haus. Sie war eine Vollwaise, welche die Wirtsleute bei sich aufgenommen hatten. Johannes Niklas Adler erbarmte sich des Mädchens und er schenkte ihr ein paar Silberstücke, bevor er in seine Kammer ging.

Kaum hatte er die Wirtsstube verlassen, traten zwei finstre Gesellen ein, setzten sich mit dem Wirtsknecht an einen Tisch und begannen zu tuscheln. Das Mädchen belauschte die drei Männer durch ein kleines Fenster, welches die Küche mit der Gaststube verband. Mit Entsetzen hörte sie, dass die Burschen Johann Niklas Adler überfallen und ausrauben wollten. Das Mädchen warnte den Gast und ermöglichte ihm durch ein Fenster die Flucht. Doch da der Hofhund an der Kette anschlug, bemerkten die Räuber dies sofort und nahmen mit dem Hund die Verfolgung auf.

Als die Verfolger immer näher kamen, versteckte sich Johannes Niklas Adler in einem Wacholderbusch. In Todesangst gelobte er, hier ein Marterl zu errichten, wenn er diese Nacht überlebe. Wie durch ein Wunder nahm der Hund kurz vor dem Busch eine neue Fährte auf und führte die finstren Gesellen am Versteck vorbei hinab ins Tal. Der Kaufmann schlug sich später nach Pechtnersreuth durch, wo ihn Bauern für den Rest der Nacht aufnahmen …
Am 10. Juni 1713 segnete P. Johannes Kayser vom Kloster Waldsassen, der gleichzeitig Vikar von Münchenreuth war, die Weiße Marter. Sie trägt neben dem Namen und der Jahreszahl der Erbauung auch die Inschrift „Gott hat seinem Engel befohlen, dass er dich behüte auf allen deinen Wegen“.

DIE TROMMELBUCHE BEI **NEUSORG:** WALDBODEN VOM BLUT VON TAUSEND MENSCHEN GETRÄNKT

Eigentlich macht der Wald zwischen Schwarzenreuth und Neusorg einen sehr friedlichen, idyllischen Eindruck – wenn da nicht der Name „Schlachtung" wäre. Er weist darauf hin, welch furchtbarer Kampf dort vor rund fünfhundert Jahren stattgefunden hat. Der Waldboden ist getränkt mit dem Blut von etwa tausend Menschen. Sie verloren innerhalb weniger Stunden ihr Leben. Noch heute soll man in manchen Nächten um Mitternacht Waffengeklirr, Trommelwirbel und Kriegsgeschrei hören, so erzählt man sich.

Am 8. August 1504 kam es bei den Wirren des Landshuter Erbfolgekriegs zu diesem blutigen Gemetzel zwischen markgräflichen und kurpfälzischen Truppen. Es ging um das Erbe von Herzog Georg dem Reichen von Landshut (1455–1503). Er hatte zwei Töchter und keinen männlichen Stammhalter. Damit wäre sein Erbe nach den Vereinbarungen des Hausvertrages von Pavia nicht an die Kinder, sondern an seinen Vetter Albrecht von der anderen Wittelsbacher-Linie gefallen. Entgegen diesem Recht setzte der Herzog seine Tochter Elisabeth und deren Gemahl Ruprecht als Erben ein. Das bedeutete nach seinem Tod Krieg, der durch die Unterstützer auch in die heutige Oberpfalz überschwappte. Markgraf Friedrich von Ansbach-Kulmbach-Bayreuth half

INFO:
Das Denkmal liegt an einem Forstwirtschaftsweg mitten im Wald. Am einfachsten ist das Denkmal von einem kleinen Wanderparkplatz bei Schwarzenreuth zu erreichen. Er liegt an der Straße nach Schurbach gleich nach dem Schwarzenreuther Ortsausgang an der linken Seite.

seinem Vetter, Albrecht IV. Die Herrscher der Oberen Pfalz standen auf der Seite des Schwiegersohns, des Pfalzgrafen Ruprecht.

Bei der Schlacht bei Neusorg begann alles damit, dass markgräfliche Soldaten das Kloster Waldsassen, das unter kurpfälzischem Schutz stand, ausraubten und niederbrannten. Anschließend zogen die Soldaten drei Tage lang plündernd durch das Stiftland, ehe sie zwischen Neusorg und Schwarzenreuth Lager bezogen. Die Markgräflichen fühlten sich offensichtlich sicher, denn die Trommler hängten ihre Instrumente in die Äste einer großen Buche. Angeblich sollen die Soldaten auch fleißig dem Messwein, den sie in Waldsassen erbeutet hatten, zugesprochen haben. Was die Truppe nicht wusste: Ihre Gegenspieler, die Kurpfälzer, hatten mittlerweile unter der Führung des Parksteiner Pflegers Kaspar Erlbeck einen Gegenschlag vorbereitet. Über 1100 Männer, zumeist Bauern und Knechte, hatte von Erlbeck im angrenzenden kurpfälzischen Gebiet zusammengetrommelt. Zahlenmäßig und kampftechnisch war das Bauernheer zwar der markgräflichen Truppe deutlich unterlegen, aber der Angriff kam so überraschend, dass der Gegner nicht einmal mehr Zeit hatte, mit den Trommeln Alarm zu schlagen, so erzählt man sich. Das Ergebnis war ein Blutbad mit über tausend Toten.

Kriegsentscheidend war die Schlacht nicht. Die Kämpfe endeten erst knapp ein Jahr später, am 30. Juli 1505, mit dem Kölner Schiedsspruch des römisch-deutschen Königs Maximilian. Das Ergebnis war für beide Parteien ernüchternd. Elisabeth und Ruprecht waren während des Kriegs verstorben, und beide Linien verloren Gebiete.

1999 errichtete die Forst Ebnath AG im Wald zur Erinnerung daran ein Denkmal aus Granitblöcken mit einem Felsentor und der Inschrift „8.8.1504 – Hier starben 1000 Mann im Erbfolgekrieg".

DAS SCHLOSSGESPENST VON REUTH: DIE WEISSE FRAU MIT DEM ROTEN BLUTFLECK

Von einer Anhöhe am westlichen Ortsrand grüßt das mit neubarocken Elementen gestaltete Reuther Schloss ins Land. Um einen von einer schmucken Zwiebelhaube gekrönten Rundturm und einen Innenhof gruppieren sich zahlreiche Bauten. Viele Gebäude wurden nach großen Bränden 1722 und 1726 neu errichtet. Sein heutiges Aussehen hat das Schloss bei der letzten großen Umgestaltung vor etwa hundert Jahren erfahren. Sehenswert ist das Vogelzimmer mit weit über hundert „Egrischen Vogelbildern", in denen die Tiere mit echten Federn drapiert sind.

Und es gibt auch ein Schlossgespenst: eine weiße Frau mit rotem Blutfleck auf der Brust. Der Sage nach handelt es sich um die Ehefrau eines Herren von Reuth, welche dieser erdolcht haben soll. Der Mann hielt seine Gattin des Ehebruchs für schuldig. Ein Femegericht erlaubte ihm, selbst das Urteil zu sprechen. Er stieß seiner Frau den Dolch ins Herz. Doch als sein Weib sterbend beteuerte, dass sie unschuldig sei, kamen ihm Zweifel und er bat die Schöffen, über ihn zu richten. Das Urteil lautete erneut Todesstrafe. Seitdem soll die Frau im Schloss umgehen.

Angeblich gibt sie sich nicht damit zufrieden, Leute zu erschrecken, sondern mischt sich auch in die Familienplanung ein. So wird von einem hartherzigen Schlossherrn berichtet, der seine Tochter gegen

INFO:

Das Reuther Schloss steht am westlichen Ortsende von Reuth bei Erbendorf. Es ist bewohnt und kann deshalb nicht besichtigt werden. Frei zugänglich ist jedoch der Innenhof, der durch eine zur Straße hin seitlich angebrachte Toranlage betreten werden darf.

ihren Willen verheiraten wollte. Als diese sich weigerte, ließ er sie ins Turmgefängnis werfen. Das Gespenst drohte dem Vater schlimme Strafen an, wenn er das Mädchen unglücklich mache. Daraufhin ließ dieser die Tochter frei und blies die Hochzeit ab. Später gab es eine Liebesheirat. Leider haben Brände die alten Unterlagen vernichtet, sodass sich der Wahrheitsgehalt der Sage nicht überprüfen lässt.

Sicher ist: Das Schloss hat viele Besitzer gesehen. Erstmals urkundlich erwähnt ist es im Jahr 1337 als Besitz der Trautenberger. Im 17. Jahrhundert gehörte es zuerst den Unruhern und später den Sparneckern. Über Grafen von Kaiserstein und von Kolowrat kam das Schloss 1772 an die Freiherren von Reitzenstein. Seit 1946 gehört es der Familie von Podewils.

Das Schloss ist auch bei Bierliebhabern ein Begriff. Schon seit Mitte des 15. Jahrhunderts wird dort gebraut, zuerst für den Eigenbedarf und seit 1742 für alle Bierliebhaber.

Unheimlich ist diese Ecke der Gemeinde Reuth bei Erbendorf auch wegen einer brutalen Gewalttat, die sich vor wenigen Jahren im Ortsrichterstüberl in Drahthammer ereignet hat. Dort, am Fuße des Schlosses, wohnte bis 1848 der herrschaftliche Patrimonialrichter. 2011wurde der 67-jährige Besitzer des Hauses, der eine kleine Wirtschaft hatte, tot vor dem offenen Tresor aufgefunden. Die polnische Polizei nahm den Mörder – einen gebürtigen Kasachen – kurze Zeit später an der Grenze zur Ukraine fest. Das Gericht sah es als erwiesen an, dass der damals 34-Jährige dem Opfer sieben Mal mit einem Fäustel auf den Kopf geschlagen hatte, und verurteilte ihn zu lebenslanger Haft. Die Beute bestand aus zwei Silberbarren im Wert von 1600 Euro, 657 Euro Bargeld und zwei Ohrringen.

DAS SCHLOSS SCHWARZENREUTH: WO DER „ZWERGL“ ANGST UND SCHRECKEN VERBREITETE

Eine geheimnisvolle Aura umgibt das Schloss in Schwarzenreuth. Wenn die knorrigen, stämmigen Laubbäume an der Zufahrt zu dem Renaissancebau ihr Laub abgeworfen haben und Nebelschwaden das alte Gemäuer aus Bruchsteinen umwabern, dann wirkt das Denkmal auch heute noch gespenstisch. In dem zweigeschossigen Schloss mit vielen historischen Bohlenbalkendecken und einer barocken Holzspindeltreppe wohnte im 17. Jahrhundert ein Mann, der in der ganzen Region gefürchtet war: der „Zwergl“.

Der gebürtige Ebnather stand im Ruf, ein Zauberer, Meisterschütze und hervorragender Duellant zu sein, der mit dem Teufel im Bunde stand. Mal wollen Leute gesehen haben, wie er über das Wasser ritt, dann wieder soll er mit seinem Ross durch die Lüfte entschwunden sein. Er konnte nach den Erzählungen Regen machen und nach Belieben Mäuse und Soldaten aufmarschieren lassen. Die Erzählungen gipfeln in den Berichten über seinen Tod. Aus einem Fenster seines Schlosses hat er nach den Überlieferungen amüsiert der eigenen Aussegnung zugesehen. Heimatforscher gehen davon aus, dass es sich beim „Zwergl“ um Wolf Adam von Hirschberg (1614–1694) handelt. Er lebte während der Zeit des Dreißigjährigen Krieges (1618–1648), der viel Leid über die Region gebracht hat. Allerdings war von Hirschberg, der mit zehn Jahren Vollwaise wurde, wohl

INFO:
Das Schloss in Schwarzenreuth steht am westlichen Ortsende direkt an der Kreisstraße TIR 23 und ist in Privatbesitz. Es kann deshalb nur von außen besichtigt werden.

alles andere als ein Zwerg, er soll im Gegenteil ein regelrechter Hüne gewesen sein. Ein Heimatforscher erklärt den Widerspruch damit, dass der Spitzname wegen einer Charaktereigenschaft entstanden sei. Von Hirschberg habe sich oft „zwerch", also quer, gelegt. Vielleicht sind aber in den Erzählungen auch zwei unterschiedliche Personen zu einer verschmolzen. Wolf Adam von Hirschberg hatte einen Sohn, von dem berichtet wird, dass die Gefahr der Zwergwüchsigkeit bestanden habe.

Im Ebnather Sterbematrikel ist festgehalten, dass Wolf Adam von Hirschberg, der im Alter von fast achtzig Jahren starb, viele Zweikämpfe siegreich bestritten und den verbo-

tenen Künsten für Unverwundbarkeit vor seinem Ableben bei der sakramentalen Beichte abgeschworen habe.
Vor seinem Tod befahl von Hirschberg nach einer Sage seinem Diener, dem Reiter-Öidl aus Ebnath, das Buch, in dem er all seine Zaubersprüche niedergeschrieben hatte, im Wasser zu versenken. Dieser fand jedoch, dass es viel zu wertvoll sei, um es einfach zu vernichten. Also nahm er es heimlich mit nach Hause. Als der „Zwergl" am nächsten Tag wissen wollte, ob er beim Vernichten des Buches etwas Ungewöhnliches bemerkt habe, verneinte das der Diener. Da wurde von Hirschberg wütend, weil er wusste, dass dieser seinen Auftrag nicht ausgeführt hatte. Also schickte er ihn erneut los. Diesmal befolgte der Reiter-Öidl die Anweisung. Als das Buch im Teich aufschlug, begann das Wasser zu brodeln und haushohe Wellen zu werfen, so erzählt die Sage.
Im 1605 erbauten Schloss von Schwarzenreuth wurde in den 1670er Jahren, als Wolf Adam von Hirschberg wegen Mordverdachts auf der Flucht war, wirklich ein Labor für alchemische Experimente und andere geheime Künste entdeckt.

DIE DORFKIRCHE IN STEIN: WO HITLER, GÖRING & CO. IN DER HÖLLE SCHMOREN

Einen sehr ungewöhnlichen Ort des Schreckens findet man in der kleinen Dorfkirche in Stein in der Gemeinde Plößberg. Ein großes Wandgemälde eröffnet dort einen Blick in die Hölle. Dabei entdeckt man Gesichter, die manch einem bekannt vorkommen. Das ungewöhnliche Kunstwerk stammt von dem gebürtigen Schlesier Ossy Tytlik. Entstanden ist das imposante Gemälde 1947, also nur zwei Jahre nach Ende des Zweiten Weltkriegs. Unter dem Eindruck der schrecklichen Ereignisse lässt der Maler Nazi-Größen wie Adolf Hitler, Hermann Göring und Heinrich Himmler in der Hölle schmoren. Auch Josef Stalin, der zur Zeit der Entstehung noch lebte, ist bereits im Reich der Finsternis anzutreffen, während Eva Braun, die Lebensgefährtin von Adolf Hitler (mit langen blonden Haaren), noch mit dem Teufel um ihr Schicksal ringt. Der Künstler hat sich auch selbst verewigt. Der Maler ist auf der Seite der Erlösten anzutreffen. Bei dem bärtigen Mann, der mit dem Rücken zum Betrachter zu sehen ist, soll es sich um Ossy Tytlik handeln. Eine ähnlich moderne Darstellung des Jüngsten Gerichts hat der Künstler ebenfalls 1947 an die Decke in der Friedhofskirche in Mitterteich gemalt. Dieses Kunstwerk entstand kurz nach dem Bild in Stein. Offensichtlich hat den Auftraggebern die vorhergehende Arbeit gefallen. Oskar Tytlik verschlug es durch die Kriegswirren ins Stiftland. Geboren wurde er am zweiten Weih-

INFO:

Die Kirche in Stein ist dem heiligen Laurentius geweiht und tagsüber meist geöffnet. Das Gotteshaus ist von 1762 bis 1763 unter der Regie des Waldsassener Klosterbaumeisters Philipp Muttone errichtet worden und steht unter Denkmalschutz.

nachtsfeiertag des Jahres 1909 im oberschlesischen Hindenburg. Später zog er nach Berlin, wurde zur Wehrmacht eingezogen und während des Krieges – vermutlich aufgrund einer Verwundung – ins Kriegslazarett nach Tirschenreuth gebracht. Als der Krieg vorbei war, blieb Tytlik zunächst in Tirschenreuth. Da er sehr gut malen konnte, versuchte er, sich damit eine Existenz aufzubauen, was sich auf dem Land jedoch als ungemein schwierig erwies. Es stellten sich zwar bald einige Auftraggeber ein, doch die Bezahlung war schlecht und bestand meist nur aus Kartoffeln und anderen Naturalien – zu viel zum Sterben, zu wenig zum Leben. 1956 wanderte er mit seiner Frau Maria nach Amerika aus und wurde dort ein gefragter Kirchenmaler. Er hatte in den Staaten zeitweise eine eigene Künstlerwerkstatt mit etwa zwei Dutzend Beschäftigten. Am 19. November 1994 starb er in Michigan. Sein letzter Wille war es, in Tirschenreuth bestattet zu werden. Im Dezember 1994 wurde seine Asche in einer Urnennische auf dem Gottesacker in Tirschenreuth beigesetzt. Leider wurde das Grab schon zehn Jahre später, 2004, wieder aufgelöst. Doch die Erinnerung an ihn lebt unter anderem in der schaurig-schönen Darstellung des Jüngsten Gerichts weiter.

SPUK IM STEINWALD: DUDELSACKPFEIFER UND „G'HENKT MOIDL" LAUERN SPÄTHEIMKEHRERN AUF

Seit Menschengedenken sind die ausgedehnten Wälder des Steinwalds vielen nicht ganz geheuer. Neben in der Region weit verbreiteten Sagengestalten wie Hoi-Mann, Holzfräulein, Trud und Moosmännchen treiben auch zwei ungewöhnliche Geister ihren Schabernack mit Leuten, die nachts unterwegs sind: der Dudelsackpfeifer und das „G'henkt Moidl", was auf Hochdeutsch so viel wie „Gehängtes Mädchen" bedeutet.

Die beiden Geister sollen bei der Felsformation Steinschlatter Spätheimkehrern auflauern. Sie liegt nordwestlich des bewirtschafteten Waldhauses an einer Weggabelung. Der Dudelsackpfeifer taucht nach der Sage um Mitternacht auf. Zuerst hört man nur ein leises Pfeifen, das immer lauter wird, bis daraus ein schriller Ton geworden ist, der sich an den Felsen bricht, widerhallt und einen schier in den Wahnsinn treibt. Erst wenn man ein Wegekreuz erreicht, wird es still. Denn das kann der Dudelsackpfeifer nicht überqueren, so heißt es. Der Geist wird so genannt, weil sein Pfeifen entfernt an die Klänge eines Dudelsacks erinnert.

Beim gleichen Felsen geht auch das „G'henkt Moidl" um. Es soll sich um ein Mädchen handeln, das auf unglückliche Weise dort ums Leben kam. Ein Ast verfing sich nach der Sage an ihrem gefüllten Gras-

INFO:
Die Steinschlatter, die nach dem früheren Oberforstrat und Ministerialdirektor Hermann von Reisenegger (1854–1925) auch Reiseneggerfelsen genannt wird, befindet sich nordwestlich des Waldhauses. Eine Besteigungsanlage führt auf eine Aussichtsplattform. Das Waldhaus ist in etwa einer Stunde zu Fuß von Pfaben aus zu erreichen und an Wochenenden und Feiertagen bewirtschaftet. Der Räuberfelsen befindet sich westlich von Pfaben im Wald. Vom Wanderparkplatz braucht man etwa eine halbe Stunde zu diesem Granitmassiv.

korb, den sie auf dem Rücken trug. Das Mädchen stürzte so unglücklich, dass es von den Trägern des Buckelkorbes stranguliert wurde.

Die beiden Geister erscheinen vor allem Spätheimkehrern aus dem Waldhaus. Dieses Gebäude wurde 1831 in der Abteilung Sulzschlag errichtet, um den Forstaufsehern die Arbeit zu erleichtern. Um das karge Einkommen etwas aufzubessern, richtete einer der Waldwärter, Forstwart Baptist Zimmerer, 1837 trotz der beengten Räumlichkeiten eine Wirtsstube ein. Es ist also durchaus möglich, dass auch Bier und Schnaps bei den Geistererscheinungen eine Rolle spielten.

1959 verließ der letzte Bewohner das Anwesen. Das Waldhaus war danach lange ein Geisterhaus und sollte abgerissen werden, bis Regisseur Xaver Schwarzberger es 1997 als

Schauplatz für die Neuverfilmung der Novelle „Krambambuli" von Marie von Ebner-Eschenbach (1830–1916) entdeckte, mit Christine Neubauer, Tobias Moretti und Gabriel Barylli in den Hauptrollen. Es geht darin um die tragisch endende Dreiecksbeziehung zwischen einem Oberförster, einem Wilderer und einem nach dem Wacholderbranntwein Krambambuli benannten Hund.
Der Film führte bei den Verantwortlichen zu einem Umdenken. Sie ließen das Waldhaus nicht abreißen, sondern machten daraus mit einem finanziellen Aufwand von einer Dreiviertelmillion Euro eine Kleingaststätte mit einem Informationszentrum über den Naturpark Steinwald und das Geo-Zentrum Bayern-Böhmen unter dem Dach.
Ganz in der Nähe von Pfaben gibt es im Steinwald eine weitere, ebenso verrufene wie imposante Gesteinsformation: den Räuberfelsen. Man erzählt sich, dass dort einst allerlei finstre Gestalten ihr Versteck hatten und von dort zu Raubzügen in die Region aufbrachen. Das 27 Meter hohe Granitmassiv ist heute ein beliebter Kletterfelsen.

Foto: Siegfried Steinkohl

Steinwald Räuberfelsen

DER SCHATZ IM TEICHELBERG: WO DIE HANKERLN BIS ZUR RÜCKKEHR SCHLAFEN

Eine seltsame Anhöhe ist der Große Teichelberg bei Pechbrunn. Während die Südflanke ein Naturparadies ist, gibt es an der Nordflanke eine Steinwüste. Und dann sind da noch die Hankerln, die unter der Erde schlafen sollen: reiche Zwerge mit knielangen Bärten und runzeligen Gesichtern, die einst bei Mitterteich lebten. Die Erdgeister kamen lange mit den Menschen sehr gut aus und halfen ihnen, wo es nur ging, bis es bei einem Tanz Streit zwischen Zwergen und Menschen gab. Dabei wurde einer der Zwerge erschlagen. Daraufhin zogen sich die Hankerln mit ihren Schätzen in den Berg zurück. Dort schlafen sie nun, bis der Bart des Anführers drei Mal um einen Tisch gewachsen ist. Dann sollen die Hankerln zurückkehren, so erzählt man sich.
Der Eingang zur Höhle befindet sich der Sage nach beim Hankerlbrunnen, einer gefassten und mittlerweile versiegten Quelle. Die Grube soll sich jedes Jahr am Palmsonntag zur Passion öffnen. Wer die Höhle rechtzeitig vor dem Ende der Passion verlässt, kann so viele Schätze mitnehmen, wie er tragen kann. Wer zu spät dran ist, wird für ein Jahr bei den Hankerln eingeschlossen.
Eine ähnliche Sage, wie sie aus Mitterteich überliefert ist, erzählt man sich auch in Wiesau. In dieser Geschichte werden aber gleich drei Hankerln erschlagen, bevor sich die Erdgeister in den Berg zurückziehen. Heimatforscher Adalbert Busl hat dabei

INFO:
Ein ausgewiesener Wanderweg führt durch das Naturschutzgebiet zum Hankerlbrunnen. Wer ihn nutzt, sollte auf den Wegen bleiben, um die Natur nicht zu gefährden. Der Steinbruch ist aufgrund der angeschnittenen Basaltsäulen auch geologisch ungemein interessant.

interessante Parallelen zu einem Kriminalfall, der sich Anfang des 16. Jahrhunderts in Wiesau ereignet hat, herausgefunden. In einem Wirtshaus sind damals drei Brüder namens Henkel, die am Teichelberg nach Bodenschätzen geschürft hatten, totgeprügelt worden …

Der Große Teichelberg ist eine Basaltkuppe. Seit den 1880er Jahren war über 130 Jahre lang an der Nordflanke Basalt für den Eisenbahn- und Straßenbau gewonnen worden. 2019 wurde der Abbau eingestellt, weil das Forstamt wegen des Naturschutzes keine weiteren Flächen freigab. Der absolute Gegensatz dazu ist die Südflanke. Dort gibt es uralte Buchen- und Eschenbestände zu bestaunen. Ein Teil des Großen Teichelbergs ist seit 1978 als Naturwaldreservat „Gitschger" besonders geschützt und damit ein sich selbst überlassener Urwald. 1996 stellte die Regierung der Oberpfalz zudem

115 Hektar unter strengen Naturschutz, weil es dort viele bedrohte Tier- und Pflanzenarten gibt, darunter Wildkatze, Luchs, Schwarzstorch, Fledermäuse, Spechte, Uhus und andere Eulenarten.

Doch zurück zu den Hankerln. Einen der Zwerge kann man in Mitterteich noch antreffen. Er sitzt – ausnahmsweise gut rasiert – am Unteren Markt auf einem Trinkwasserbrunnen. Leider ist es nur eine Skulptur, die der aus Mitterteich stammende Künstler Engelbert Süß gestaltet hat. Auch ein Kindergarten in Mitterteich ist nach den Erdgeistern benannt. In einer Redewendung leben die Erdzwerge ebenfalls weiter. Wenn es einen Kindersegen gibt, der Fragen aufwirft, sagt man schon mal, dass Hankerln das Kind gebracht hätten.

TIRSCHENREUTHER **TEUFELSKÜCHE:** WO DER LEIBHAFTIGE SEIN SÜPPCHEN KOCHT

Nicht ganz geheuer ist vielen Besuchern das Waldgebiet zwischen Tirschenreuth und Pilmersreuth a. d. Straße. Wer es irgendwie einrichten kann, verlässt es rechtzeitig vor Einbruch der Dunkelheit. Denn dort befindet sich die Teufelsküche. Genauer gesagt befinden sich dort die Teufelsküchen. Es gibt nämlich zwei davon: die kleine und die große. Man erzählt sich, dass sich dort früher die Anhänger des Fürsten der Finsternis um Mitternacht getroffen haben, um Schwarze Messen zu feiern. Der Leibhaftige soll in einer steinernen Schüssel, welche die geduldigen Kräfte der Vergänglichkeit in den Stein gearbeitet haben, Essen gekocht haben. Auch mit dem Treiben von Hexen wird der Ort in Verbindung gebracht.

Fast zwangsläufig drängen sich beim Besuch bei den Felsen Gedanken an lebende Opfergaben und andere satanische Praktiken auf. Von einem unbekannten Dichter niedergeschriebene Verse berichten, dass ein Pilger aus dem Heiligen Land den Höllendienst beendet und den Leibhaftigen aus dem Wald vertrieben haben soll.

Und wirklich: Selbst bei Tageslicht muten die Tirschenreuther Teufelsküchen unheimlich an. Die Stille, die bizarren Felsentürme und das gespenstische Gurgeln eines bisweilen vor den Blicken versteckten Bächleins sorgen für eine mystische Atmosphäre. Die Sonne hat selbst an schönen Sommer-

INFO:
Ein ausgeschilderter Wanderweg führt zu den Teufelsküchen. Ausgangspunkte sind von Tirschenreuth aus der Wanderparkplatz an der Rothenbürger Straße (9 Kilometer), das Vereinsheim des Oberpfälzer Waldvereins an der Rothenbürger Straße (10 Kilometer) und der Parkplatz am Rothenbürger Weiher (circa 8 Kilometer). Leider sind die Wege wegen vieler Wurzeln und Steine stellenweise nicht kinderwagentauglich.

tagen Mühe, mit ihren Strahlen bis zum Waldboden vorzudringen. Viele verwitterte Granitblöcke, die den schmalen Pfad zum gespenstischen Ort am Netzbach säumen, sind mit dichten Moosteppichen überzogen. An einer Stelle ist das Moos abgekratzt, um den Blick auf eine verwaschene Wandermarkierung freizugeben. Auf einem der verwitterten Felsungetüme thront in der kleinen Teufelsküche ein Wackelstein, der sich trotz seines immensen Gewichts mit Menschenkraft bewegen lässt. Die Felsen sehen aus, wie wenn sie Riesen hingeschlichtet hätten.

Die Wissenschaft hat freilich eine ganz andere Erklärung für das Felsenwirrwarr. Die geduldigen Kräfte der Natur und der Wechsel der Jahreszeiten haben das Urgestein aus dem Untergrund modelliert und die Teufelsküchen geformt.

AVE MARIA

TEUFELSSTEIN BEI NAPFBERG: LUZIFER MIT ALTEN SCHUHEN ÜBERLISTET

Im Steinwald gibt es viele Orte, die Wanderern und Spaziergängern nicht ganz geheuer sind. Dazu gehört auch ein großer Felsen bei Napfberg (Stadt Erbendorf). Wie ein gestrandeter Walfisch liegt dieser abgerundete große Block in Nähe des Dorfes. Nach einer Sage hat der Teufel höchstpersönlich ihn dort zurückgelassen.

Eigentlich wollte der Höllenfürst damit den Neubau der Wallfahrtskirche in Fuchsmühl zertrümmern, so die Sage. Er suchte sich einen passenden Felsblock im Steinwald und machte sich damit auf den Weg zur Baustelle. Doch offensichtlich hatte er sich zu viel zugemutet. Schon bald wurde der Stein schwerer und schwerer. Dort, wo er heute liegt, kam dem Teufel ein Mädchen mit einem Bündel kaputter Schuhe entgegen. Der Leibhaftige fragte, wie weit es denn noch bis zur neuen Kirche sei. Doch das Mädchen erkannte, wen es vor sich hatte und machte Luzifer weis, dass es all diese Schuhe auf dem Weg hierher durchgelaufen habe. Wutentbrannt und laut fluchend warf dieser da den Fels auf den Boden und machte sich fluchend auf den Rückweg zur Hölle.

Sagenumwoben ist auch die Geschichte der Kirche in Fuchsmühl, die der Teufel zertrümmern wollte. Mehrere seltsame Lichterscheinungen haben zur Entstehung dieser Wallfahrtsstätte geführt. Das Ganze begann im Jahr 1642, als ein Wiesauer Gerichtsschreiber dort eine Flamme sah und den gött-

INFO:
Der Teufelsstein im Steinwald befindet sich östlich von Napfberg unmittelbar neben dem Wanderweg Bärnhöhe-Pfaben. Die Wallfahrtskirche steht direkt an der Fuchsmühler Ortsdurchfahrt.

lichen Auftrag erhielt, vom Teichelberg eine Linde zu holen und dort einzugraben, was er auch tat. Als aus dem Bäumchen ein stattlicher Baum geworden war, sah der Fuchsmühler Freiherr Christoph Daniel von Froschheim dort zwei brennende Lichter. Im Schlaf erhielt der Gutsherr mehrfach den göttlichen Auftrag, an dieser Stelle eine Maria-Hilf-Kapelle errichten zu lassen. Doch der Mann starb, ohne das Vorhaben umgesetzt zu haben. Kurz vor seinem Tod gab er den Auftrag an seinen Sohn Franz Heinrich Dionysius weiter. Als auch dieser den Bau auf die lange Bank schob, verließ ihn das Glück. Eine Stimme versprach ihm während einer heiligen Messe, dass das Glück zurückkehren werde, sobald er die Kapelle bauen lasse. 1688 löste er das Versprechen seines Vaters ein. Er kaufte für die Kapelle auf dem Hahnenberg ein Maria-Hilf-Bild, ließ damit das bekannte Vorbild in Passau anrühren und hängte es in

dem Kirchlein auf. Schon bald pilgerten Tausende dorthin, und es wird von vielen Gebetserhörungen berichtet. Das heutige Gotteshaus wurde von 1712 bis 1726 errichtet. Ein Deckenfresko in der Gnadenkapelle zeigt die Gründungsgeschichte. Ein Mirakelbuch berichtet, dass es allein bis 1800 über 200 Gebetserhörungen gab.

DER SCHLOSSBERG VON **WALDECK**: GEHEIMGÄNGE, SELTSAME LICHTER UND HINGERICHTETE

Wenn Berge sprechen könnten, dann hätte der Waldecker Schlossberg einiges zu erzählen. Er könnte von verheerenden Bränden, verzweifelten Delinquenten, strengen Landrichtern, mutigen Burgbewohnern, entschlossenen Eroberern, unzähligen Pesttoten und vielen anderen Dingen berichten. Und dann sind da natürlich die feurigen Männer, die dann und wann nächtlichen Spaziergängern erscheinen.

Fakt ist, dass viele Besucher auf der Anhöhe nach Einbruch der Dunkelheit ein Gefühl der Beklemmung beschleicht, vor allem, wenn sie alleine unterwegs sind. Eine Rolle spielen dabei vielleicht auch die Sagen von den Geheimgängen, welche die Burgruine mit den Städten Kemnath und Neustadt am Kulm, der nahen Lettenmühle sowie Kronau im Fichtelnaabtal verbinden sollen. Da liegt natürlich der Verdacht nahe, dass die Felsenkeller an der Südwestseite des Berges Teil dieses Stollensystems sind. Wie ein schwarzer Schlund scheinen sie die Geheimnisse aufgesogen zu haben. Wahrscheinlich sind die Keller aber doch nur die letzten Reste der Häuser von Alt-Waldeck. Eine verheerende Feuersbrunst legte den Ort Ende des 18. Jahrhunderts in Schutt und Asche. Er wurde daraufhin an heutiger Stelle neu aufgebaut.

Die nahe Richtstätte – einst Galgenberg genannt – ist schon vor langer Zeit in einen Kalvarienberg um-

INFO:

All die schaurigen Stationen sind in einen 1,8 Kilometer langen Rundweg eingebunden, der am Oberen Markt von Waldeck beginnt. Über den Kalvarienberg und den Alten Friedhof geht es zuerst zur Burgruine und dann zu den Ruinen des alten Marktes. Markiert ist er mit einem grünen Punkt. Gehzeit etwa eineinhalb Stunden.

gewandelt worden. Auch über sie gibt es eine schaurige Geschichte. Es geht dabei um ein Todesurteil gegen einen Waldecker Knecht, das dort vollstreckt worden ist. Der Richter räumte dem Mann, der wegen mehrerer Diebstähle verurteilt worden war, die Möglichkeit ein, sein Leben zu retten. Wenn er eine unverheiratete Weibsperson eheliche, werde das Urteil ausgesetzt. Der Knecht soll bereits den Strick um den Hals gehabt haben, als die rettende Hochzeiterin nahte. Als der Verurteilte die Frau, ein älteres Weiblein, sah, soll er selbst das Kommando für die Vollstreckung des Urteils gegeben haben. Dort, wo einst der Galgen stand, befindet sich heute das Bergkreuz.

Der geschichtsträchtige Berg hat eine der ersten Burgen der gesamten Oberpfalz getragen. Erstmals urkundlich erwähnt ist sie im Jahre 1124 als Besitz der Landgrafen von Leuchtenberg. Lange hatte dort oben auch ein Landrichter seinen Sitz. 1648 nahmen die Schweden die Burg ein. Ende des 17. Jahrhunderts verlegte der Richter seinen Sitz nach Kemnath. Im Spanischen Erbfolgekrieg wurde die Burg 1704 erneut eingenommen, diesmal von kaiserlichen Truppen. Ein

großer Brand Ende des 18. Jahrhunderts besiegelte dann endgültig den Niedergang. Das einst so stolze Bollwerk wurde geschleift, verfiel zur Ruine. Dass die einstigen Ausmaße heute wieder so gut sichtbar sind, ist dem Heimat- und Kulturverein Waldeck zu verdanken, der die Reste freigelegt, restauriert und behutsam ergänzt hat. Der Verein hat auch die Besinnungsstätte in der Ruine realisiert, die dem früheren Patron der Burgkapelle, dem heiligen Ägidius, gewidmet ist. Die frei hängende Glocke der ungewöhnlichen, weil offenen Kapelle grüßt weit ins Land.

DAS SCHLOSSGESPENST VON **WALDERSHOF:** DREH DICH NICHT UM, DER SCHAUPP GEHT UM

Auch das Schloss in Waldershof hat sein eigenes Gespenst: den Schaupp. Nach einer Sage soll es sich um einen gehörnten Ehemann handeln, der im Schloss zuerst den Liebhaber seiner Ehefrau und dann die untreue Frau selbst gerichtet hat. Der Schaupp ist seit seinem Tod dazu verdammt, im Schloss Bewohner und Besucher zu erschrecken.

Das Waldershofer Schloss hat schon viel erlebt. Vermutlich wurde es um 1100 erbaut. Der mächtige Rundbau war einst von Ringwällen, dem Kösseinebach und einem Schlossweiher umgeben, ein richtiges Wasserschloss stand dort am Fuße der Kösseine. Zudem gab es einen mächtigen Turm an der Nordostecke, von dem man das ganze Tal überblicken konnte und der bei der Gespenstergeschichte eine besondere Rolle spielt.

Jahrhundertelang gehörte das Schloss dem einflussreichen Kloster Waldsassen. Nach der Säkularisation im Jahr 1802 fiel es an den Freistaat, der das Schloss ein paar Jahre später an den Markt Waldershof verkaufte. Heute ist es in Privatbesitz und beherbergt Wohnungen.

Der schreckliche Doppelmord könnte, falls er wirklich geschehen ist, im 16. oder 17. Jahrhundert passiert sein. Denn um 1608 gab es in Waldershof einen Pfleger mit dem Namen Schaupp, der wohl traditionell seinen Sitz im Schloss hatte. Die Sage erzählt,

INFO:
Das Schloss steht direkt an der Staatsstraße an der südwestlichen Ortseinfahrt. Das Anwesen ist in Privatbesitz und kann deshalb leider nicht besichtigt werden.

dass die Ehefrau des Schaupp ein Verhältnis mit einem Ritter vom benachbarten Schloss in Oberredwitz hatte. Immer wenn der Ehemann längere Zeit unterwegs war, hängte die untreue Ehefrau eine weiße Fahne aus dem Turmfenster, um ihrem Geliebten zu zeigen, dass die Luft rein sei und er zum Schäferstündchen kommen könne. Das ging eine Zeitlang gut. Dann erzählte ein Diener seinem Herrn von der Untreue der Frau und der weißen Fahne. Bald darauf stellte der gehörnte Ehemann seiner Gemahlin eine Falle. Er gab vor, zu einer längeren Reise aufzubrechen. Als er außer Sichtweite war, machte er kehrt und beobachtete aus einem Versteck das Schloss. Wie der Diener gesagt hatte, hing bald die weiße Fahne am Turm. Kurze Zeit später kam auch schon der Liebhaber auf dem Pferd angeritten. Der Schaupp

schlich sich zurück zum Schloss, um die beiden auf frischer Tat zu ertappen. Doch das Liebesnest war leer. Der Ehemann durchsuchte das ganze Schloss und alle Nebengebäude. Den Liebhaber fand der Schaupp im Gewölbe des Turms. Ihn ließ er in Stroh packen und bei lebendigem Leibe verbrennen. Den Leichnam warf er anschließend in das Turmverlies. Seine Ehefrau entdeckte er in einem Stall. Er brachte sie zum Schloss und tötete sie eigenhändig im Hof mit einem Schwertstoß in die Brust. Soweit die Sage. Was daran wahr und was erdichtet ist, kann man nicht mehr sagen. Aufhorchen lässt jedoch die Notiz, dass beim Rückbau des Turms im Jahre 1823 menschliche Gebeine gefunden wurden. Man hat sie im Waldershofer Friedhof beigesetzt.

DER SPUK IM WALDNAABTAL: RITTER KUNO UND SEINE VERSTEINERTEN SPIESSGESELLEN

So romantisch das Waldnaabtal zwischen Falkenberg und Neuhaus bei Tage ist, so verrufen ist es bei der Nacht. Allerlei schreckliche Gestalten sollen dort ihr Unwesen treiben. Die bizarren Felsformationen beflügeln seit Menschengedenken die Fantasie – besonders natürlich nachts, wenn das schale Mondlicht und die Schatten der sich sanft im Wind wiegenden Bäume dem Urgestein Leben einzuhauchen scheinen.

Fünf Burgen gab es im Tal zwischen Falkenberg und Neuhaus. Falkenberg und Neuhaus sind noch erhalten, die anderen drei – Herrenstein, Schwarzenschwal und Altneuhaus – wurden schon vor Jahrhunderten aufgegeben. Nur marginale Spuren gibt es von ihnen noch zu sehen. Was geblieben ist, sind Sagen und Legenden, die sich um die einstigen Bewohner ranken. Manch einer soll keine Ruhe finden und dazu verdammt sein, im Waldnaabtal umzugehen.

Besonders verrufen ist das Butterfass in der Nähe der Blockhütte, an dem einst Riesen ausgebuttert haben sollen. Es handelt sich dabei um ein Felsenwirrwarr im Flussbett, welches das Gewässer bisweilen zur tödlichen Gefahr macht. Verführerisch ist es zu versuchen, über die Steine trockenen Fußes ans andere Ufer zu gelangen. Schon manch einer ist abgeglitten und hat sich den Fuß verstaucht oder anderweitig verletzt. In den 1960er Jahren ist im Flussbett sogar

INFO:
Bereiche des Waldnaabtals sind ein Naturschutzgebiet. Man kann die sagenhaften Stellen deshalb nur zu Fuß oder mit dem Fahrrad erreichen. Gute Einstiegspunkte sind im Landkreis Tirschenreuth die Wanderparkplätze bei Falkenberg, bei Tannenlohe und bei Ödwalpersreuth.

ein Kind ertrunken. Nachts gehen dort Ritter Kuno von Falkenberg und seine Knappen um. Der böse Ritter und seine Spießgesellen hatten es den Erzählungen nach auf ein junges Mädchen abgesehen, das sie bei Falkenberg beim Bleichen der Wäsche erspäht hatten. Das Mädchen flüchtete ins nahe Waldnaabtal, doch der böse Ritter und seine Gefährten verfolgten es. Plötzlich stand das Mädchen vor einer Felswand. Der einzige Weg, der ihm blieb, führte durch das reißende Flussbett. Mit den Worten „Dass Gott mir Gnad …" stürzte es sich ins Wasser. Als es das andere Ufer erreicht hatte, waren die Schreie und das Gelächter der Verfolger verstummt. Das Mädchen drehte sich um und erblickte Felsen, die es zuvor noch nie dort gesehen hatte. Ritter Kuno und seine Gefährten waren zu Stein erstarrt. Seitdem finden ihre Seelen keine Ruhe, so heißt es. Manch ein Wanderer, der sich zu spät auf den Heimweg machte, will beim Butterfass schon furchterregende Schreie und schreckliches Gelächter gehört haben.

Ähnlich soll auch eine gewaltige Felsformation im Tal in der Nähe von Falkenberg entstanden sein. Dort ist ein ganzer Kammerwagen zu Granit erstarrt, weil der Kutscher wegen des unwegsamen Geländes furchtbar geflucht und den Teufel angerufen hatte.
Das sind aber längst nicht die einzigen Gruselgeschichten aus diesem schaurig-schönen Tal. Der Volksmund berichtet weiter von den Gesängen eines Geisterchors, die von Altneuhaus aus nachts durch das Tal hallen, der fast schon obligatorischen weißen Frau und einem Kapuzinermönch, der seinen Kopf unter dem Arm trägt.

WALDSASSENER KIRCHEN-GRUSELKABINETT: HEILIGE LEIBER SORGEN FÜR GÄNSEHAUT

Beim Besuch der barocken Stiftsbasilika Waldsassen läuft vielen eine Gänsehaut auf. Grund dafür sind die Heiligen Leiber: über tausend Jahre alte, kunstvoll verzierte Gebeine, die aus den Katakomben von Rom stammen.

In der imposanten Basilika sind in Glasvitrinen die Skelette der Heiligen Maximinus, Vitalianus, Gratianus, Valentinus, Theodosius, Deodatus, Ursa, Alexander, Silvanus und Urbanus zu sehen. Sie scheinen Leben in sich zu haben. Die Gebeine sind so drapiert, dass sie nicht den Tod, sondern die Auferstehung vor Augen führen. Rechnet man auch noch die Kopfreliquien des heiligen Liberatus und des Märtyrers Bonifatius dazu, kommt man auf zwölf Heilige Leiber. Sie gelten als größter Reliquienschatz nördlich der Alpen. Alljährlich gibt es am ersten Sonntag im August ein Heilige-Leiber-Fest, bei dem die Gebeine im Mittelpunkt stehen. Gefeiert wird dies seit 1765.

Im 17. und 18. Jahrhundert waren solche Gebeine aus den Katakomben von Rom ungemein begehrt. Just zu jener Zeit wurde von 1681 bis 1704 die Klosterkirche in Waldsassen neu gebaut. Bekannte Baumeister und Künstler waren bei der 83 Meter langen und 23 Meter breiten Kirche am Werk, darunter die Architekten Abraham Leuthner (1640–1710), Georg

INFO:

Kunsthistoriker zählen die von 1685 bis 1704 erbaute Stiftsbasilika Waldsassen zu den bedeutendsten Barockkirchen im süddeutschen Raum. Besichtigungen sind täglich möglich, der Eintritt ist frei. An Sonn- und Feiertagen sind vormittags wegen der Gottesdienste keine Besichtigungen erlaubt. Die Gruft, die sich über die Fläche der gesamten Kirche erstreckt, ist nur bei Gruppenführungen zugänglich.

Dientzenhofer (1643–1689) und Christoph Dientzenhofer (1655–1722).

Das erste Skelett, die sterblichen Überreste des heiligen Deodatus, kam nach der Wiedergründung des Klosters während der Bauzeit der Kirche aus der Calixtus-Katakombe im Jahr 1688 ins Stiftland. Neun weitere Ganzkörperreliquien folgten bis 1765. Ob die Heiligen wirklich alle den Märtyrertod gestorben sind, ist nicht mehr nachzuweisen. Aufgrund des großen Interesses an „heiligen Gebeinen" und wohl auch der guten Geschäfte, die sich damit machen ließen, ging man zeitweise großzügig beim Ausstellen der Echtheitsbescheinigungen um.

Bei der Zurschaustellung und Einkleidung der Skelette legten viele Klöster eine große Kunstfertigkeit an den Tag. In Waldsassen gab es einen Laienbruder, der dafür besonderes Talent zeigte: Frater Adalbert Eder (1707–1777). Er stammte aus Tirschenreuth und war eigentlich gelernter Seiler. Albert Eder entwickelte mit Gold- und Silberfäden, Perlen, falschen Edelsteinen, Brokat, Samt und Seide seinen ganz eigenen Stil. Eine spezielle Technik der Klosterarbeiten, die er dabei angewandt hat, ist noch heute nach ihm benannt.

Doch es gibt noch mehr Gänsehautfaktoren in der Kirche. Unter der Basilika befindet sich die größte Gruftanlage Deutschlands. In den Rauhnächten zwischen den Jahren und in der Zeit um Allerseelen verlassen nach einer Sage die dort beigesetzten Mönche ihre Särge und spuken in den Gemäuern des Klosters umher. Nach den Erzählungen bereiten sich die untoten Mönche aus der Zeit, als Waldsassen noch ein Männerkloster war, auf den Endkampf vor. Kaiser Karl der Große (747/748–814), der nach der Sage am Ochsenkopf im Fichtelgebirge in einem Kristallsaal schlafen soll, ist auserwählt, die Christen zum Sieg über die Ungläubigen zu führen.

BURGRUINE **WEISSENSTEIN**: WO DIE WEISSE FRAU UND ANDERE SPUKGESTALTEN UMGEHEN

Burgruinen haben an sich schon etwas Gespenstisches an sich. Umso mehr ist dies der Fall, wenn sie verlassen auf einer Anhöhe stehen. Getoppt wird dies noch, wenn die Anhöhe in einem großen Waldgebiet liegt. All diese Dinge treffen auf die Ruine Weißenstein im Steinwald zu. Der „Böhmische", ein kalter Ostwind, fegt dort besonders heftig durch den Wald und bricht sich an den kahlen Mauern. Wer an solch einem Tag da oben steht und das bedrohliche Auf und Ab der Wipfel sieht, kann leicht verstehen, warum viele Sagen mit dem alten Gemäuer verbunden sind.

Erstmals urkundlich erwähnt wurde die Burg im 13. Jahrhundert. Die widrigen Bedingungen waren wohl der Grund dafür, dass die Notthaffte sie schon im Mittelalter aufgaben und lieber in Schlössern in Friedenfels und Poppenreuth wohnten. Nach 1560 wurde die Burg dem Verfall preisgegeben. Die Gesellschaft Steinwaldia sicherte mit Unterstützung der Familie von Gemmingen-Hornberg, der das Denkmal nun gehört, zwischen 1996 und 2000 die Ruine und baute Teile davon behutsam wieder auf. Nachts machen viele trotzdem lieber einen weiten Bogen um das Gemäuer. Feurige Hunde und andere Spukgestalten sollen dort ihr Unwesen treiben. Seltsame Geräusche im Wald stammen nach Sagen nicht vom Knarren der Äste und dem Rascheln der

INFO:

Die 863 Meter hoch im Wald gelegene Ruine ist nur zu Fuß oder mit dem Fahrrad zu erreichen. Am schnellsten geht dies vom Wanderparkplatz in Hohenhard aus. Von dort sind es etwa 30 Fußminuten zur Ruine. Der Weg ist beschildert. Vom Bergfried aus hat man einen herrlichen Blick in den Oberpfälzer Wald.

Blätter im Wind, sondern von einem ruhelosen Notthafft, der unsterblich in die Tochter eines Müllers verliebt war. Während der Notthafft in einem Kampfe war, wurde sie ermordet. Dieser Verlust traf den Adeligen so schwer, dass er fortan im Mönchsgewand in einer Klause im Steinwald sein Dasein fristete. In die Klause schlug bei einem Gewitter der Blitz ein. Sie brannte bis auf die Grundmauern nieder, was aus dem Bewohner wurde, ist leider nicht überliefert.

Natürlich gibt es auch Geheimgänge und eine weiße Frau, die in einer Kluft hausen soll. Immer wenn ein Nachkomme der Notthaffte stirbt, macht sie sich auf zum Friedenfelser Schloss. Dort ist ihr Wehklagen so lange zu hören, bis der Verstorbene zu Grabe getragen ist. Vielleicht hat die weiße Frau aber mittlerweile ihren Frieden gefunden: Die Weißensteiner Linie derer von Notthafft endete bereits 1718 mit dem Tod von Freiherr Johann Paul Notthafft. Trotzdem gab es auch danach noch Freiherren und Freifrauen von Weißenstein, da die Bodensteiner Notthafft-Linie seit dem 16. Jahrhundert ebenfalls den Zusatz „von Weißenstein“ im Namen führte, wohl um Rechtsansprüche deutlich zu machen. Ab 1681 durften sich Angehörige dieser Linie ebenfalls Freiherren nennen. 1952 starb auch dieser Zweig in männlicher Erbfolge aus. 2010 wurde mit der gebürtigen Regensburgerin Marie-Theres Notthafft im Alter von 88 Jahren auch die letzte Freifrau von Weißenstein zu Grabe getragen.

Delinquenten der ehemaligen Hinrichtungsstätte, die sich in der Nähe der Burg befand, sollen ebenfalls keine Ruhe finden. Sagen berichten von seltsamen Vorkommnissen bei Hinrichtungen. So soll ein zum Tode Verurteilter auf mysteriöse Weise beim Gang zur Hinrichtungsstätte verschwunden sein. Seit 2009 wacht eine überlebensgroße Bronzestatue über die Burg. Das Werk des Pfreimder Bildhauers Engelbert Süß stellt die Mutter Erde als Bindeglied zwischen Himmel und Erde dar.

Foto: Siegfried Steinkohl

BURG **WILDENAU**: DIE EINGEMAUERTE JUNGFRAU UND DER FEURIGE RITTER

Auch die Burg in Wildenau hat ihre eigenen Schlossgespenster. Um Mitternacht hört man bisweilen das Wehklagen einer weiblichen Stimme. Manchmal sieht man auch eine weiße Frau mit einem Schlüsselbund durch das Schloss geistern. Nach einer Sage handelt es sich dabei um eine Jungfer, die mit einem Laib Brot und einem Krug Wasser irgendwo in der Burg eingemauert worden ist. Neben ihr soll auch ein feuriger Ritter in dem historischen Gemäuer umgehen. Leider ist nicht überliefert, ob die beiden Gespenster etwas miteinander zu tun haben. Denkbar wäre es. Es kann aber auch ganz anders sein. Denn die Mauern der Burg haben im Laufe ihrer langen Geschichte einiges „gesehen".

1125 taucht die von den Grafen von Sulzbach erbaute Burg erstmals in alten Urkunden auf. Sie gelangte bald in den Besitz der Staufer, wurde während der Hussitenkriege zerstört und danach wieder aufgebaut. Sie war ein wichtiger Bestandteil der Verteidigungslinie zu Böhmen und später auch der „Goldenen Straße", welche die großen Handelsstädte Nürnberg und Prag verband. Die Handelsroute führte direkt an der Burg Wildenau vorbei. Es gab also mit Sicherheit genügend Vorkommnisse für Spukgeschichten.

Im 20. Jahrhundert verfiel das Gemäuer immer mehr und drohte komplett einzustürzen. 1994

INFO:
Die Burg besteht aus drei größeren Räumen, Eingangsgewölbe, Rittersaal, Prunkraum und einem Burgverlies und bietet Platz für bis zu 150 Personen.

stoppte die Familie Ackermann, die auch das Schloss in Ilsenbach (Gemeinde Püchersreuth im Landkreis Neustadt a. d. Waldnaab) hergerichtet hat, den Verfall und begann die Burg zu sanieren. Heute kann man das Denkmal komplett anmieten, um in der 2005 geweihten Kreuzerhöhungs-

kapelle und den Sälen Hochzeiten und andere Feste zu feiern. Das Skelett der eingemauerten Jungfrau wurde übrigens bei den umfassenden Sanierungsarbeiten, die sich über zehn Jahre hinzogen, ebenso wenig entdeckt wie das Skelett des feurigen Ritters.

DER WOLFENSTEIN BEI TIRSCHENREUTH: VERSTECKTE SCHÄTZE IM URGESTEIN

Wenn die Schatten länger werden und die Dämmerung beim Übergang von Tag und Nacht die Oberhand gewinnt, dann wird es beim Wolfenstein langsam, aber sicher unheimlich. Plötzlich ist man sich nicht mehr sicher, ob sich die von Mutter Natur geschaffene Steinskulptur nicht eben bewegt hat. Und waren die Geräusche vorhin wirklich nur das Säuseln des Windes in den Blättern der Baumkronen?

Seit Menschengedenken geht eine eigenartige Faszination von diesem seltsamen Steingebilde bei Hohenwald in der Nähe von Tirschenreuth aus. Schon in grauer Vorzeit soll die markante Granitformation als Opferstätte genutzt worden sein. Später vermutete man dann, dass eine Schatzkammer im Inneren des Steins versteckt sei. Heute ist er ein geschütztes Geotop. Zahlreiche Trampelpfade zwischen den mit Moosen und Flechten bedeckten Granitfelsen künden von vielen Besuchern. Ob sie wohl nach dem Eingang zur Schatzkammer suchen?

Nach einer Sage soll das von Wind, Wetter und zahlreichen Frostaufbrüchen gezeichnete Urgestein große Reichtümer versteckt halten. Der Eingang zur Schatzkammer ist nur einmal im Jahr, am Palmsonntag während des Gottesdienstes, sichtbar. Beim ersten Glockenschlag zur Wandlung öffnet sich das Tor, beim letzten Glockenschlag schließt es sich wieder. Dazwischen kann man sich so viel Gold, Silber

INFO:

Ein Besuch am Wolfenstein lässt sich gut mit einem kleinen Spaziergang verbinden. Der Wolfenstein liegt etwa einen Kilometer südöstlich von Hohenwald. Der Weg in Richtung Wald führt direkt am sagenumwobenen Naturdenkmal vorbei.

und Edelsteine nehmen, wie man tragen kann. Aber Vorsicht: Wer die Schatzkammer nicht rechtzeitig verlässt, wird eingeschlossen.

Nach der Sage hörte auch eine arme Frau, die ein kleines Töchterlein hatte, von den Schätzen und ging am Palmsonntag zum Wolfenstein. Prompt öffnete sich beim ersten Glockenschlag das Felsentor. Die Frau setzte ihr Töchterchen am Boden ab und begann freudig, Schätze in ihre Schürze zu packen. Gerade noch rechtzeitig schaffte es die Mutter, die Kammer zu verlassen, da schloss sich das Tor auch schon wieder. Ihr Töchterlein hatte die Frau in der Schatzkammer vergessen. Ein Jahr lang irrte sie am Wolfenstein umher, bis wieder Palmsonntag war. Als sich das Tor öffnete, saß das Kind gesund und munter in der Höhle und spielte mit den Schätzen. Überglücklich und erleichtert schloss die Frau die Tochter in die Arme und trug sie dann,

so schnell sie konnte, aus der Höhle. An den funkelnden Wertsachen, so behauptet die Erzählung, hatte sie kein Interesse mehr.

Die Geschichte geht noch weiter: Auch ein geldgieriger Bauer konnte der Versuchung nicht widerstehen. Er kam gleich mit einem von Pferden gezogenen Fuhrwerk und einem Knecht zum Wolfenstein. Als sich das Tor geöffnet hatte, ließ er den Wagen in die Schatzkammer fahren, und der Knecht musste die Schätze auf die Ladefläche schaufeln. Doch in seiner Gier versäumte es der Bauer, den Knecht rechtzeitig zum Verlassen der Kammer aufzufordern. Das Tor schloss sich und sperrte Helfer und Wagen samt Pferden ein. Ein Jahr später stand der gierige Mann am Palmsonntag wieder vor dem Wolfenstein. Als sich das Tor beim ersten Glockenschlag öffnete, war zu seinem Entsetzen die Kammer leer.

21.
H.R.C.

DIE WOLFSSÄULE: DAS AUS DER ZEIT GEFALLENE DENKMAL VOM SCHEIBENBERG BEI FRANKENREUTH

Mittlerweile ist das Denkmal aus der Zeit gefallen. Die Wölfe sind zurück in der Region. Und doch umgibt eine Aura des Geheimnisvollen das kleine Flurdenkmal am Scheibenberg bei Frankenreuth. Dort hat ein Jäger aus Kulmain am 21. Juli 1882 den letzten Wolf der Oberpfalz und des Fichtelgebirges erlegt. Fast 130 Jahre war die Region damit kein Wolfsland mehr. Es gab zwar immer wieder mal Erzählungen von Sichtungen von Tieren, die Wölfen ähnlich sahen, die galten aber nicht als gesicherte Nachweise. 2007 wurden bei Wunsiedel wieder Wölfe genetisch nachgewiesen. Die Geschichte hat damit das Marterl eingeholt. Das kleine, schlichte Denkmal wurde 25 Jahre nach dem tödlichen Schuss in der Waldabteilung Südtanne aufgestellt. Die drei Buchstaben H, G und R weisen auf die Initiatoren und den Stifter hin. Aufgrund eines Berichts, der drei Tage später im „6 Ämter-Boten" erschien, ist genau überliefert, wie groß und schwer der für lange Zeit letzte Wolf war. Er wog 84 Pfund, war 80 Zentimeter groß und 163 Zentimeter lang. Welche Bedeutung die Zeitungsleute diesem Abschuss einräumten, zeigt, dass die Notiz von der erfolgreichen Wolfsjagd im Fichtelgebirge neben Nachrichten aus London, Prag, Berlin und München platziert wurde.

Zwei Schüsse waren dem Bericht zufolge nötig, um Meister Isegrim zur Strecke zu bringen. Abgefeuert

INFO:

Vom Bayreuther Haus bei Mehlmeisel ist ein 6,5 Kilometer langer Wanderweg zur Wolfssäule ausgeschildert. Markiert ist die Route mit einem schwarzen Wolf auf gelbem Grund. Gehzeit etwa 2 Stunden.

Foto: Alf

hatte sie der Kulmainer Gastwirt Martin Wiesend. Er kassierte damit eine Schussprämie, welche das Bezirksamt Wunsiedel für jeden erlegten Wolf ausgelobt hatte.
Der Graupelz kam Martin Wiesend den Erzählungen nach eher zufällig vor die Flinte. Denn eigentlich waren der Kulmainer und seine 15 Jagdgenossen aus Kemnath, Kulmain, Frankenreuth, Ebnath und Mehlmeisel zu einer Treibjagd auf Hirsche ausgerückt, bis einer der Helfer eine Wolfsspur auf dem Waldboden entdeckte …

Dives cum dormierit, Job. 27. v. 17.
Geld und Gut nichts helfen thut
Sicut fur in
Es sey dir leid gleich oder lieb
Cæcus sedebat juxta viam mendicans
Messis quidem multa

DER TOTENTANZ VON WONDREB: DIE SICHERE BEGEGNUNG MIT DEM BOINDLKRAMER

Unscheinbar steht die Kapelle St. Michael an einer Bruchsteinmauer in einer Ecke des Gottesackers von Wondreb. Das Satteldach des verputzten Massivbaus ist mit verwitterten Holzschindeln gedeckt. Eine Zwiebelhaube, die auf einem hölzernen Dachreiter thront, krönt die im 17. Jahrhundert errichtete Kapelle. Anfang des 20. Jahrhunderts ist südlich eine Aussegnungshalle angegliedert worden, so dass das Gebäude nun eine unschöne L-Form hat. Architektonisch stellen die beiden Nachbarbauten, die Pfarrkirche Mariä Himmelfahrt und der imposante Ökonomie-Pfarrhof, eine stolze Vierseitanlage, die auch Sommersitz des Klosters Waldsassen war, die Friedhofskapelle in den Schatten. Und doch ist sie der bekannteste Teil des ungewöhnlichen kirchlichen Dreiklangs.

Der Grund ist ein Kunstwerk, das alle erschaudern lässt: der Wondreber Totentanz. Er ist ein Fenster in die Schattenwelt und führt vor Augen, dass es vor dem Boindlkramer kein Entrinnen gibt. Ein Besuch in der Kapelle ist eine sichere Begegnung mit dem Tod.

Der Totentanz ist ein Deckengemälde mit über zwei Dutzend Motiven. Das Wort „Tanz" ist etwas irreführend. Denn an der Decke wird nicht getanzt, sondern die Bilder sind eine Allegorie für die Macht des Todes über das Leben. Der Begriff Totentanz rührt vom Volksglauben, dass Skelette aus den Grä-

INFO:
Die Totentanzkapelle steht in Wondreb in der Dorfmitte neben der Pfarrkirche Mariä Himmelfahrt an der Kirchstraße.

bern steigen, um die Lebenden zum Tanz ins Jenseits zu verführen.

Die 28 Bilder in der Friedhofskapelle St. Michael führen eindrucksvoll vor Augen, dass wir weder den Tag noch die Stunde kennen, wann Gevatter Tod kommt. Der Tod ist als Skelett, als Knochenmann, dargestellt. Er beugt sich auf einem der Bilder sogar schon über eine Wiege mit einem Kleinkind. Auf einem anderen Gemälde kommt er unerwartet schnell auf einem Hirsch geritten, auf wieder einem anderen Kunstwerk spielt er mit einem Mann Karten.

Entstanden sind die Bilder, die meist von einem Bibelzitat und einer sehr freien deutschen Übersetzung eingerahmt sind, wahrscheinlich Anfang des 18. Jahrhunderts. Ein nicht namentlich genannter Künstler hat die schaurig-schönen Bilder, wohl noch unter dem Eindruck der Wirren des Dreißigjährigen Krieges (1618–1648) und der vielen Pesttoten, auf Fichtenholzbretter gemalt. Die Bilder sind passend zur Schattenwelt nur in Schwarz, Weiß und Grau gestaltet. Fachleute bezeichnen diesen Stil als Grisaille-Technik, abgeleitet vom französischen Wort für Grau („gris").

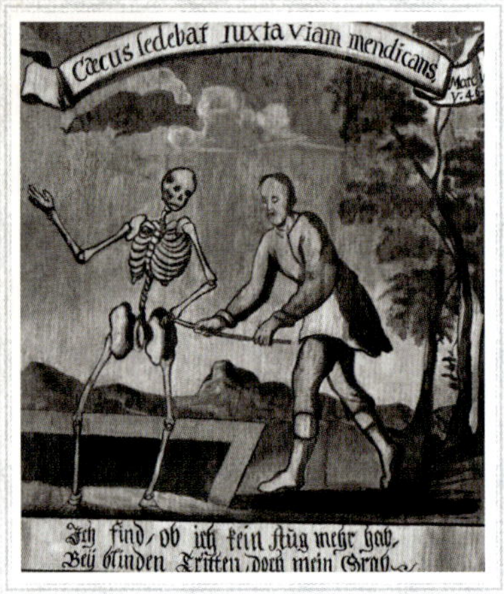

Es ist wahrscheinlich, dass die Wondreber Grau-in-Grau-Malerei mit dem Kloster Waldsassen in Verbindung steht. Als Künstler kommt der Laienbruder Frater Cornelius von Bosche (gestorben 1721) in Frage. Vorbild für die Wondreber Totentanzbilder waren vermutlich Kupferstiche nach Motiven des Wiener Hofpredigers Abraham a Santa Clara (1644–1709), der sich in seinen Schriften intensiv mit dem Sterben und dem Tod auseinandergesetzt hat. Wegen Parallelen der Wondreber Bilder zu diesen Stichen wurde die frühere Theorie, dass die Bilder bereits beim Neubau der Kapelle im Jahr 1669 entstanden seien, verworfen.

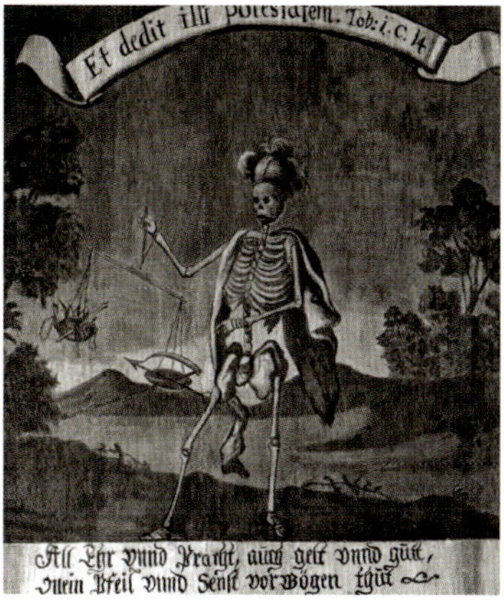
Et dedit illi potestatem. Job: i. c. 14
All Ehr vnnd Pracht, auch gelt vnnd gutt,
Mein Pfeil vnnd Senst vorwögen thut

Tanquam
Auch die schönste Narcissen
Werden von mir abgerissen

DER AUTOR

WOLFGANG BENKHARDT

… Jahrgang 1964, ist in Weiden geboren und lebt heute mit seiner Familie in Erbendorf. Als Leitender Redakteur bei den Oberpfalz Medien erhält er Einblicke in vielfältige Lebensbereiche der Oberpfalz. Das Erkunden der eigenen Heimat ist für ihn der schönste Ausgleich zum stressigen Presseberuf.

QUELLENANGABEN

Ackermann, Konrad und Riccarda: Burg Wildenau; http://www.burg-wildenau.de/html

Aus dem Sagenschatz des Steinwaldes vom südlichen Fichtelgebirge bis ins Waldnaabtal, Steinwaldia Pullenreuth e. V. (Hrsg.), Verlag Eckhard Bodner, Pressath, 2016

Böck, Emmi: Sagen aus der Oberpfalz – Aus der Literatur, gesammelt und herausgegeben von Emmi Böck, Verlag Friedrich Pustet, Regensburg, 1986

Bock, Hildegard / **Seer,** Margret / **Werner,** Erich: Geheimnisvolles Stiftland und Egerland – Volkssagen, Freunde heimatlichen Sagenguts, Buchdruckerei und Verlag Nickl, Tirschenreuth, o. J.

Brunner, Johann / **Gleißner,** Max: Geschichte der Stadt Tirschenreuth, 1933, 1982 neu aufgelegt

Herrmann, Dietmar: Der Landshuter Erbfolgekrieg: 1000 Tote im Fichtelgebirge; http://www.bayern-fichtelgebirge.de/heimatkunde/029.htm

Knipping, Detlef / **Raßhofer,** Gabriele: Denkmäler in Bayern – Landkreis Tirschenreuth, Bayerisches Landesamt für Denkmalpflege (Hrsg.), Karl M. Lipp Verlag, München, 2000

Landgraf, Kurt: Die Weiße Marter bei Münchenreuth – Von einem Egerer errichtet; http://www.suehnekreuz.de/bayern/pechtnersreuth.htm

Lutz, Vanessa: Der Raubmord von Kaibitz – Todesurteil im Schatten von Hinterkaifeck; https://www.onetz.de/oberpfalz/kaibitz-kemnath/raubmord-kaibitz-todesurteil-schatten-hinterkaifeck-id3213912.html

Männer, Werner: Literarischer Arbeitskreis befasst sich mit dem „Schmied von Mitterteich“: Gleichgültig gegenüber der Obrigkeit; https://www.onetz.de/mitterteich/vermischtes/literarischer-arbeitskreis-befasst-sich-mit-dem-schmied-von-mitterteich-gleichgueltig-gegenueber-der-obrigkeit-d1724481.html

Neubauer, Michael: Wolf Adam von Hirschberg, Herr auf Ebnath und Schwarzenreuth: Reichsritter, Duellant und Zauberer; http://www.bayern-fichtelgebirge.de/heimatkunde/035.htm

Prechtl, Bernhard: Der Wolfssäulenweg; http://www.fgv-mehlmeisel.de/einrichtungen/bilder/wolfsaeulenweg.pdf

Robl, Werner: Jugend-Aktionstag bei „Steinwaldia“: Neue Geister und Fallgruben für Wanderweg; https://www.onetz.de/oberpfalz/harlachberg-pullenreuth/jugend-aktionstag-steinwaldia-neue-geister-fallgruben-fuer-wanderweg-id3271735.html

Scharnagl, Friedrich: Erinnerungen an die Sage von der Entstehung der Waldkapelle – Hirsch mit Leuchtzeichen: „Alter Herrgott“ ein Stück Heimat; https://www.onetz.de/deutschland-und-die-welt-r/lokales/erinnerungen-an-die-sage-von-der-entstehung-der-waldkapelle-hirsch-mit-leuchtzeichen-alter-herrgott-ein-stueck-heimat-d1269414.html

Sagen und Legenden im Landkreis Tirschenreuth, Harald Fähnrich (Hrsg.): Missionsbuchhandlung St. Peter, Tirschenreuth, 3. Auflage 1997

Schmitdtler, Mathias: Der Schmied von Mitterteich: Eine epische Dichtung in zwanzig Gesängen, Neuauflage, Verlag Eckhard Bodner, Pressath, 1990

Schönwerth, Franz Xaver: Aus der Oberpfalz – Sitten und Sagen, Bände I, II und III, Matth. Rieger'sche Buchhandlung, Augsburg, 1857, 1858 und 1959

Sommert, Hans: Tillenwunder: ein Sagenkranz aus dem Egerlande, Bücher des Egerländer Hauses, Verlag Unser Egerland, Eger, 1924

Sporrer, Thomas: Er ließ Hitler in der Hölle schmoren: Oskar Tytlik, ein fast vergessener Kirchenmaler; https://www.onetz.de/oberpfalz/tirschenreuth/liess-hitler-hoelle-schmoren-oskar-tytlik-fast-vergessener-kirchenmaler-id3244434.html

Stark, Harald: Familie Notthafft, Familiengeschichte – Die Linien der Familie v. Notthafft; http://www.notthafft.de/geschichte

Treml, Robert: „Die Heiligen Leiber in der Basilika Waldsassen", Kath. Stadtpfarramt Waldsassen (Hrsg.), Waldsassen, 2. Auflage 2013

Vaupel, Bettina: Die Heiligen Leiber aus Rom – In Juwelen gebettet;
https://www.monumente-online.de/de/ausgaben/2018/5/Waldsassen-HeiligeLeiber.php
https://www.burg-falkenberg.bayern/
https://www.hussitenstaedte.net/barnau.html

Weng Wasser, v'l Fisch! – Von Menschen, Fischen und Teichen im Stiftland. Teichgenossenschaft Tirschenreuth (Hrsg.), Weiden, Verlag Spintler, 1989

Wir am Steinwald, Heft 18: Gesellschaft Steinwaldia Pullenreuth e. V. (Hrsg.), Verlag Eckhard Bodner, Pressath, 2010

Wolfsteiner, Alfred: Die Fuchsmühler Holzschlacht 1894. Chronik eines Skandals, Gemeinde Fuchsmühl (Hrsg.), Verlag Eckhard Bodner, Pressath, 1994

WEITERE BÜCHER AUS UNSEREM SORTIMENT:

ISBN 978-3-95587-411-7 · Preis: 17,90 €

ISBN 978-3-95587-050-8 · Preis: 24,90 €

ISBN 978-3-95587-804-7 · Preis: 19,90 €

ISBN 978-3-95587-751-4 · Preis: 19,90 €

www.battenberg-gietl.de/heimat